「英語サンドイッチメソッド」とは

「はじめて毎日続けられた！」「苦手だった英語が楽しくなった」など、試した方から喜びの声をたくさんいただいている、デイビッド・セイン式英語学習法、それが「英語サンドイッチメソッド」です。「どんどんいろんなシリーズを出してほしい」という要望もたくさん寄せられています。

この本は、その「英語サンドイッチメソッド」シリーズの第3弾となる本です。

この本の最大の特徴は、この「英語サンドイッチメソッド」を使って、実践的に中学英語のおさらいができること。とにかく実際に使えるようになることを考えて作られたトレーニングなので、効率良く実践的に英会話力をアップすることができます。

ぜひこの本で、大好評の英語学習メソッド「英語サンドイッチメソッド」を体験して、あなたの英語力アップに役立ててください！

また、ニーズに合わせて、第1弾、第2弾も聞いてみて、さらに英語力に磨きをかけてください。

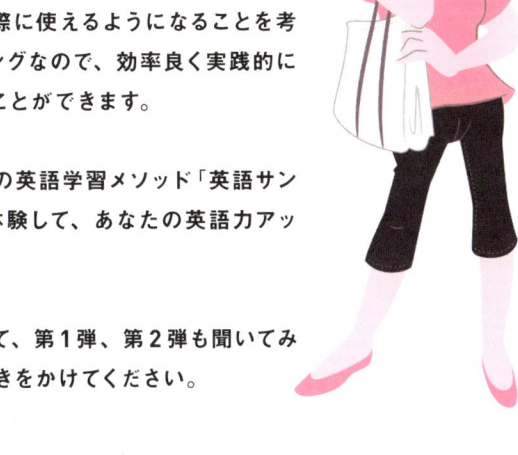

Introduction

どうして
聞くだけで
中学英語が
やり直せるの?

これまでたくさんの
中学英語のやり直し本が出ています。
その多くは
中学校で習った英語を
復習することがメインの本でした。

でもそれだけでは、
実際に中学英語を使えるようになるのは
難しいかもしれません。

この本は、
中学英語を
実際に使えるものにするための本です。

Introduction

野球を考えてみてください。
バッティングの理論を知っても
実際にバッティングの練習をしなくては
ボールが打てるようにはなりませんよね。
英語も同じです。
中学英語をただおさらいしただけでは、
実際に使えるようにはならないのです。

理論を知るだけでは使えるようになりません。
実践的に学ぶことが大切です。

この本では、中学英語を
実践的に使えるようになるための
トレーニングができます。

1回4分程度の例文の中に
押さえておきたい項目、
例えば、
助動詞なら助動詞、不定詞なら不定詞が
使われた文章がたくさん入っています。

実践的にくり返し聞くことで
リスニングでもスピーキングでも
実際に使えるようになります。

それも「英語サンドイッチメソッド」方式で
例文を聞くので、
頭の中に定着しやすく
どんどん身についてくるのです。

Introduction

ではそもそも

なぜ中学英語が
大切なのでしょうか？

それは

中学英語に、英語を話すための基本的なルールが、ギュッと凝縮されているから。

例えば、
主語の使い分けだったり、
動詞の活用だったり、
時間の表し方だったり……

「ああ、中学のとき、学校で習ったなー」
なんて記憶はありませんか？

Introduction

どれもとても基本的なことなのですが、
押さえておかないと、
実際に英語を聞いたり話したりするとき、
つまずいてしまいます。

なので、
中学英語をひととおり
マスターしておくことは、
とても大切です。

でも、
中学英語を勉強し直すのは
ちょっと面倒だな、という方。

大丈夫、安心してください。

そこで最適なのが、この本なのです。

この本は、次に紹介する
2つの特徴により、
とにかくより簡単に効率良く
中学英語を実践的に
おさらいできるよう
考えられて作られています。

Introduction

特徴のひとつは
聞くだけでOKということ。

勉強するのが
面倒な人も

英語が苦手だなと
思っている人も

忙しくて時間が
なかなかない人も

無理なく続けられます！

さらに、場所も選ばずできるから、

移動中でも

家事をしながらでも

運転中でも

お風呂に
入りながらでも

いつでもどこでも
好きなときにできます。

Introduction

そして、もうひとつの特徴は、
「英語サイドイッチメソッド」で
あるということ。

「英語サンドイッチメソッド」とは、
私、デイビッド・セインが、
日本人が効率良く
英語耳と英語脳を手に入れるには
どうしたらいいか、という視点から開発した
英語をマスターするためのメソッドです。

「英語サンドイッチメソッド」は
ネイティブと同じ
効率の良い英語の聞き方や使い方を
実際に体験しながら
無理なく効果的に
身につけることができる方法です。

Introduction

英語サンドイッチメソッドのすごいところは次の**3点**です！

> *Point* **1**　CDを聞くだけ！
> *Point* **2**　ネイティブの頭の中を再現
> *Point* **3**　1日4分から始められる！

Point 1
CDを聞くだけ！

英会話をするには、
相手が何を言っているのか
理解することからスタートしないといけません。
さらに、英語は「耳から覚える言葉」といわれており、
聞くことが特に重視されます。

「英語サンドイッチメソッド」は、CDを聞くだけで
英語を聞く力を身につけることができます。

Introduction

Point 2
ネイティブの頭の中を再現

ネイティブは英語を、文章でもなく、
単語の組み合わせでもなく、
「意味のかたまり」で考えています。

 文章で考える
 単語の組み合わせで考える
 「意味のかたまり」で考える

「英語サンドイッチメソッド」を聞くと、
この感覚が身についてきます。
文章が「意味のかたまり」で区切られていると、
違和感があり、聞き流せないので、
英語がしっかり頭に入ります。

Point 3
1日4分から始められる!

1日4分「サンドイッチ文」を聞くこと
から始められるので、忙しい人でも
無理なく続けられます。

継続は英語力アップのポイントなので、
毎日続けて聞くことをおすすめします。

もちろん、
1日4分以上聞いてもOK!
たくさん聞けば聞いた分だけ、
より早く効果を実感することができるでしょう。

英語サンドイッチメソッドの使い方

基本は1日4分～CDを聞くだけ！

1日4分、各ユニットの「サンドイッチ文」を聞くことからはじめましょう。意味のかたまりごとに英語と日本語訳が読まれる「サンドイッチ文」だけでもいいですが、できれば、続けて、通しの英文を聞くと、英文の構造が確認できるのでおすすめです。

さらに「もっと聞きたい！」という人は、何度でも繰り返し聞いてもOK。いつでもどこでもあなたの好きなときに聞いてください。

テキストは、CDを聞いた後、復習用に使うのがおすすめです。中学英語のポイントがまとめられているので、参考書代わりにもなります。ぜひ活用してください。

Unit 1～28のサンドイッチ文と通しの英文を収録

※Disc1にはUnit1～14の「サンドイッチ文」と「通しの英文」、Disc2にはUnit15～28の「サンドイッチ文」と「通しの英文」が収録されています。それぞれのトラック番号については、本文を参照してください。
※CDの総再生時間はDisc1が79分、Disc2が79分です。
※本書のCDは、CDプレーヤーでご使用ください。パソコンなどでの使用の際、再生できない場合があります。
※ディスクはキズや汚れがつかないように注意してください。また、ディスクが破損したり、故障した場合、無理に補修したり、そのままプレーヤーで使用するのは避けてください。

英語をさらに深く理解したい人はテキストを利用してください

1 中学英語のポイントを確認

キーセンテンスを見て実際の使い方を確認します。解説を読んで内容をおさらい。さらに使いこなせるよう、押さえておきたい単語やポイントを一覧表でチェックします。

2 通し英文と日本語訳で全体像を確認

通しの英文で、英文の全体像をつかみましょう。また、通しの日本語訳もついているので、自然な日本語で英文の内容を確認でき、復習にピッタリです。

3 英語の意味のかたまりを目で見て確認

CDに収録されている、英語と日本語のサンドイッチ構造の音声をそのまま掲載。英語の意味のかたまりを目で確認して、ネイティブが英語を話すときの感覚を養いましょう。

4 押さえておきたい英単語をチェック

それぞれの英文の中で覚えておきたい単語をキーワードとして抜き出してあります。これらの単語を覚えておくと、実際に英語を話すときにとても便利です。

5 難しい例文や表現もスッキリ

分かりにくい英文や表現を詳しく解説します。英語を聞いたり話したりするときの、ポイントになる構文や文法が分かるので、英語力アップに役立ちます。

Index

Introduction —— *002*

Unit 1 **be動詞** ———————————— *024*
There's one big problem
大きな問題がひとつあります

Unit 2 **一般動詞の現在形** ———————— *032*
I can't stand her
彼女には我慢できません

Unit 3 **一般動詞の過去形** ———————— *039*
What happened to the steak!?
ステーキに何があったの!?

Unit 4 **疑問文** ———————————————— *047*
It felt like an interview!
まるで面接でした!

Unit 5 **否定文** ———————————————— *055*
I'm not going to do anything
何もしません

Unit 6 **命令文** ———————————————— *063*
I'm going to show you around the library
図書館を案内します

Unit 7 **疑問詞** ———————————————— *071*
To tell you the truth, I'm not very interested…
実を言うと、あまり興味が……

Unit 8	一人称と二人称代名詞の単数と複数 ── 079
	I hope you don't run out of money!
	金欠にならないようにね！

Unit 9	三人称代名詞の単数と複数 ── 087
	She'll always be my best friend
	彼女はずっと私の親友です

Unit 10	There is、There are 構文 ── 095
	Sorry about that!
	ごめんなさい！

Unit 11	助動詞1 ── 102
	This is even more serious than I thought!
	思ったより深刻です！

Unit 12	助動詞2 ── 110
	Could you help me?
	手伝ってくれる？

Unit 13	現在進行形 ── 118
	I hope traveling is as fun as talking!
	旅行がおしゃべりとおなじくらい楽しいものになりますように！

Unit 14	過去進行形 ── 126
	I had a great day!
	素晴らしい一日でした！

Index

Unit 15 接続詞 —— 133
I don't need to read them
私は読みません

Unit 16 前置詞 —— 140
I want to surprise them
彼らを驚かせたいんです

Unit 17 副詞 —— 148
This is the best life for me
これが私にとって最良の人生です

Unit 18 未来の表現 —— 155
Are you going to go to the class reunion?
同窓会、行く？

Unit 19 動名詞 —— 163
I hope the lights don't go out again, but...
停電は二度とごめんだけど……

Unit 20 不定詞 —— 170
That would really be perfect!
そうなら最高なのに！

Unit 21 比較 —— 177
Nobody likes sweet things more than me
私は誰よりも甘党です

Unit 22 — 受け身形 — 185
I'm really worried
すごく気がかりです

Unit 23 — 間接疑問文 — 192
I guess I'm famous
私、有名みたいです

Unit 24 — 現在完了形 — 200
Sally, have you forgotten about today?
サリー、今日の約束忘れたの？

Unit 25 — 主格の関係代名詞 — 208
Something changed everything
あることがきっかけでまるっきり変わりました

Unit 26 — 目的格の関係代名詞 — 215
I'm trying not to get too close to my new friend!
新しい友人と親しくなりすぎないようにします！

Unit 27 — 使役動詞 — 223
We had a perfect day
私たちの最高の一日

Unit 28 — have to ...とneed to ... — 231
Do I need to tell her?
彼女に言うべきかな？

Unit 1

be動詞

まずは、基本中の基本であるbe動詞の復習をしましょう。
be動詞は、日本語の「〜である」に相当する言葉で、
主語が何であるかによって、am / is / areに変化します。

キーセンテンス

You are a natural-born tennis player.
あなたは天性の才能を持ったテニス選手です。

文法解説

be動詞の基本的な意味は「……は〜である」。「You= a natural-born tennis player」という関係を表しています。つまり、be動詞は「イコール」の役割なのです。また「イコール」というbe動詞のニュアンスは、主語の「状態」「性質」も表します。それが、ネイティブがI'm reading a book.（私は本を読んでいます）などの進行形でもbe動詞を使う理由。ネイティブは「I= reading a book」という「今現在の状態」を表しているのです。文中のI'm getting better and better.のような進行形も、「I=getting better and better（ますますうまくなっていること）」と捉えるのがネイティブ感覚です。

be動詞の活用

英語では、「主語が何か」（人称）と「動詞の時制」によって、動詞の形が異なります。以下の表を参照してください。

人称	一人称		二人称		三人称	
主語	単数	複数	単数	複数	単数	複数
現在形	am	are	are	are	is	are
過去形	was	were	were	were	was	were

*I amはI'm、He isはHe's、You areはYou'reなどと短縮できます。ただし、過去形は短縮できません。

There's one big problem
大きな問題がひとつあります

  Starting in high school, I played tennis for 20 years. I **was** really good, and I once even won a big competition. I quit a few years ago because I **was** having to work a lot. But business **is** slowing down now, so I've recently joined a tennis club and started playing again.

  When they asked me if I had ever played tennis before, I said, "Only a little in high school." They first put me in the beginners group, but now I**'m** in the most advanced group. I don't like lying to everyone, but I enjoy it when everyone says to me, "You **are** a natural-born tennis player." When people say things like this, it makes me try harder and harder, and so I**'m** getting better and better.

  But there**'s** one big problem. My tennis friends **are** expecting me to be in a city tournament. I**'m** thinking about doing it, but I**'m** worried that I'll meet someone there that knows me. They might say something, and then everyone will know that I've been lying. I**'m** having so much fun playing tennis that I don't want to quit, so I don't know what I should do. I've really made a problem for myself.

サンドイッチ文 意味のまとまりで区切って考えよう

▸ **Starting in high school,**
高校生のときから

I played tennis
私はテニスをしていました

for 20 years.[*1]
20年間

▸ **I was really good,**
私はとても上手でした

and I once even won a big competition.
大きな大会で一度優勝したこともあります

▸ **I quit**
私はやめました

a few years ago
数年前

because I was having to work a lot.
なぜなら、仕事が忙しくなってしまったから

▸ **But business is slowing down now,**
でも今は仕事が落ち着いてきています

so I've recently joined a tennis club
だから最近テニスクラブに入会しました

MEMO

and started playing again.
そしてまた（テニスを）始めました

▶ When they asked me
みんなが私に尋ねました

if I had ever played tennis before,*2
私が以前テニスをやっていたかどうかを

I said,
私は言いました

"Only a little in high school."
「高校のときに少しだけ」

▶ They first put me
彼らは最初に私を入れました

in the beginners group,
初心者のグループに

but now I'm in the most advanced group.
でも今、私は最も上級のグループにいます

▶ I don't like lying to everyone,
私はみんなにうそをつくのは好きではありません

but I enjoy it
でも、私はうれしいです

when everyone says to me,
みんなが私に言うのが

"You are a natural-born tennis player."
「あなたは天性の才能を持ったテニスプレーヤーだ」と

▶ When people say
みんなが言うと

things like this,
そういうことを

it makes me try harder and harder,
私はもっともっと頑張ろうという気になります

and so I'm getting better and better.
だから私はどんどんうまくなっています

▶ But there's one big problem.
でも、ひとつ大きな問題があります

▶ My tennis friends are expecting me
テニス仲間が私に期待しています

to be in a city tournament.
町の大会に出場することを

▶ I'm thinking about doing it,
私はやろうと思っています

but I'm worried
でも心配です

that I'll meet
会ってしまうことが

someone there that knows me.
そこで、私を知っている誰かに

▶ They might say something,
その人たちが何か言うかもしれません

and then everyone will know
そうすれば、みんなが知るところとなります

that I've been lying.
私がうそをついていたことを

▶ I'm having so much fun
私はとても楽しんでいます

playing tennis
テニスを

that I don't want to quit,*3
だからやめたくありません

so I don't know

私はわかりません

what I should do.

どうするべきか

▶ I've really made a problem

大変な問題をつくってしまいました

for myself.

自分自身で

Keywords キーワード

competition 競技、試合	**lie** うそをつく（現在分詞はlying）
quit やめる（過去形もquit）	**natural-born** 生まれつきの才能がある
put ... in ~ ……を~に置く	**expect ... to ~** ……に~することを期待する
advanced 上級の	

Points ポイント

*1（P.26）
Starting in high school, I played tennis for 20 years.
現在分詞startingで始まる一文は、主節I played tennis ...に補足的に情報を追加しています（分詞構文）。この分詞構文は「理由」を表しています。

*2（P.27）
When they asked me if I had ever played tennis before, ...
When they asked me ...は「彼らが私に……と尋ねたとき」という意味なので、if ... beforeがaskの目的語となります。if（~かどうか）の後の語順は主語、動詞となります。

*3（P.29）
I'm having so much fun playing tennis that I don't want to quit, ...
so that構文の一文。so ... that ~で「~なくらい……である」「とても……なので~する」という意味になります。なお、このsoは「副詞」ですが、この文の直後の一文so I don't know ...のsoは「だから」という意味の「接続詞」です。

日本語訳　文章全体としての訳し方を確認しよう

　私は高校から、テニスを20年間続けています。かなりうまいほうで、一度大きな大会で優勝したことがあります。仕事が忙しくなってきたので、数年前にやめてしまいました。でも、今は仕事が落ち着いてきたので、最近テニスクラブに入会して、またテニスを始めました。

　私はクラブの人にテニスの経験があるかどうかを尋ねられて、「高校で少し」と答えました。初めは初心者クラスに入れられたのですが、今では一番上のクラスです。うそをつくのは嫌なのですが、みんなから「あなたは天性の才能を持ったテニスプレーヤーね」と言われるのがたまらなくうれしくて。みんなにそう言ってもらえると、もっともっと頑張りたくなるので、ますます上手になっています。

　ただ、ひとつ大きな問題があります。テニス仲間たちが私が町の大会に出場することを期待しているのです。やってみようと思うのですが、私は知り合いに会ってしまわないか気がかりなのです。その人が何か言ったら、みんなが（私の）うそに気づいてしまいます。私はテニスが楽しくてしょうがないので、やめたくありません。だから、どうすればいいのか迷っています。自分で自分の首を絞めてしまっています。

Unit 2

一般動詞の現在形

一般動詞とは「be動詞以外のすべての動詞」のこと。「動作」や「状態」を示す言葉で、主に「現在の性質・状態」「現在の習慣的な動作・反復的な出来事」を表します。

キーセンテンス

She <u>tells</u> everyone about it on her site.
彼女はそれを彼女のウェブサイトでみんなに言います。

文法解説

be動詞以外の動詞はすべて一般動詞と呼ばれて、人やものの動作や状態を表します。動詞は一文に必ずひとつは入る「きまり」があるので、動詞を見つけることは文の意味を理解する上でとても大切です。キーセンテンスは「彼女」が習慣的にやっていることを表しているので現在形となります。一般動詞の現在形は動詞を「原形」のまま使いますが、主語が三人称単数（He、Sheなど）の場合は「三単現の-s」を語尾につけます。

三単現の-s（三人称単数現在）のつくり方──3パターン
三単現の-sのつくり方にはルールがあります。このルールを確認しましょう。

-s		-es		不規則変化
likes	tells	pushes	catches	has
looks	moves	teaches	kisses	
plays	decides	finishes	tries**	

*語尾がo,s,x,ch,shで終わる語はsではなく-esをつけます。
**〈子音+y〉で終わる語はyをiに変えて、-esとなります。

| 通しの英文 | 実際の文章で確認しよう

I can't stand her
彼女には我慢できません

My friend **loves** to travel, and her goal is to see every country in the world. My goal is to go to more countries than her. The problem is that whenever she **goes** to a new country, she **tells** everyone about it on her site. When I first met her, she was the nicest girl, but now I can't stand her.

I used to have more countries on my list, but today I checked her site, and it **looks** like she just got back from Europe. I **know** she went there, just so she could go to a lot of countries in a short time. So now she **has** 35 countries, and I only **have** 28, but I **have** a plan. I'm going to go to the Caribbean.

I only **have** three days, but the Caribbean **has** eight countries really close together. I've been looking for information to figure out the quickest way to go to all eight countries in the shortest time. In most of the countries, I'll have just enough time to get off the boat, take a picture and then get back on. It's not going to be much fun, but I'm going to enjoy seeing my friend's face!

サンドイッチ文 意味のまとまりで区切って考えよう

▶ **My friend loves to travel,**
私の友達は旅行好きです

and her goal is to see
彼女の目標は見ることです

every country in the world.
世界中のすべての国を

▶ **My goal is**
私の目標は

to go to more countries
もっと多くの国へ行くことです

than her.
彼女よりも

▶ <u>**The problem is**</u>
問題は

<u>**that whenever she goes to a new country,**</u>[*1]
彼女は新しい国へ行くときはいつも

she tells everyone about it
それをみんなに言います

on her site.
彼女のウェブサイトで

MEMO

▶ **When I first met her,**
彼女に初めて会ったとき

she was the nicest girl,
彼女はとてもすてきな女の子でした

but now I can't stand her.
でも今は彼女に我慢なりません

▶ **I used to have more countries**
かつてはより多くの国がありました

on my list,
私のリストに

but today I checked her site,
でも今日彼女のウェブサイトを確認したら

and it looks like
どうやら

she just got back
彼女は戻ってきたばかりでした

from Europe.
ヨーロッパから

▶ **I know**
私は知っています

she went there,
彼女はそこに行きました

just so she could go to a lot of countries

単純にそれはたくさんの国へ行けるからです

in a short time.

短期間で

▸ So now she has 35 countries,

だから今、彼女は35カ国になりました

and I only have 28,

私はたったの28カ国です

but I have a plan.

でも私には案があります

▸ I'm going to go to the Caribbean.

カリブ海へ行くつもりです

▸ I only have three days,

私には3日しかありません

but the Caribbean has eight countries

カリブ海には8カ国あります

really close together.

互いが近い距離に

▸ I've been looking for information

私は情報を探しています

MEMO

to figure out the quickest way[*2]

一番速い方法を見つけようと

to go to all eight countries

8カ国すべてに行くために

in the shortest time.

最短時間で

▶ In most of the countries,

そのほとんどの国では

I'll have just enough time

ぎりぎりの時間しかないでしょう

to get off the boat,[*3]

ボートから降りて

take a picture

写真を一枚撮って

and then get back on.

またボートに戻るための

▶ It's not going to be much fun,

あまり楽しくないでしょう

but I'm going to enjoy

でも楽しむつもりです

seeing my friend's face!

友達の顔を見ることを

Keywords キーワード

goal	目標
site	ウェブサイト、ホームページ
stand	我慢する
get back from ...	……から戻る（gotは過去形）
look for ...	……を探す
figure out ...	……を考え出す
get off ...	……を降りる
get (back) on ...	……に乗る

Points ポイント

＊1（P.34）
The problem is that whenever she goes to a new country, ...
wheneverは「〜するときはいつでも」という意味の接続詞。when（〜するとき）と似ていますが、主節の内容が「必ず」「毎回」であることを強調するときに使います。

＊2（P.36, 37）
I've been looking for information to figure out the quickest way ...
〈have + been ...ing〉は「現在完了進行形」。いま起きていることを示す「現在進行形」に対し、こちらは過去のある時点から「探す」という動作が現在までずっと続いていることを表します。

＊3（P.37）
I'll have just enough time to get off the boat, ...
enough time to ...は「……するのに十分な時間」という意味の、不定詞の形容詞的用法。ここはjust enough time to ...なので「やっと……できるだけの時間」となります。

日本語訳　文章全体としての訳し方を確認しよう

　私の友達は旅行が大好きで、彼女の夢は世界中すべての国を訪れることです。私の夢はというと、彼女よりも多くの国へ行くことです。問題は、彼女が新しい国へ行く度に、彼女のウェブページでそれをみんなに報告することです。彼女に初めて会ったとき、彼女は本当にすてきな女の子だったのですが、今では彼女に我慢なりません。

　かつては私のほうが訪れた国が多かったのですが、今日彼女のページをチェックしてみると、彼女はヨーロッパから帰国したばかりのようです。ヨーロッパへ行ったのは、短い期間でたくさんの国へ行けるからに違いありません。だから今では彼女が35カ国、私はたったの28カ国です、しかし私には案があります。私はカリブ海に行くのです。

　たった3日しかありませんが、カリブ海には8カ国が密集しています。最短時間で8カ国を回るための最も速い方法を探しているところです。ほとんどの国へ行っても、船を降りて、写真を一枚撮って、また船に戻るくらいの時間しかないでしょう。あまり楽しい旅行ではないと思いますが、友達の（驚く）顔を見て楽しむからいいのです！

Unit 3

一般動詞の過去形

「こんなことがあった」「こんなことをした」と、会話やSNSでよく使うのが過去形。動詞の過去形は語形変化が不規則なものも多いので、数多くの英文に触れて「慣れ」で覚えましょう！

キーセンテンス

I painted those pictures on the wall myself.
壁にかかっている絵は自分で描きました。

文法解説

一般動詞の「過去形」を使うことで、「過去のあるときの動作・出来事・状態」「過去の習慣的動作・反復的出来事・長期間の状態」などを表現することができます。キーセンテンスのpaintedはpaintの過去形なので、「過去のある時点で、話し手が絵を（複数枚）描いた」ということを表しています。一般動詞の過去形をつくるには、動詞の語尾に、過去形を表す-edをつけるのが基本です。

使用頻度が高い 不規則動詞

動詞の中には、〈動詞の原形＋-ed〉の形をとらない「不規則動詞」もあります。身近な動詞ほど不規則活用するパターンが多いので確実にマスターしましょう。

原形	過去形
have	had
make	made
know	knew
take	took
write	wrote

What happened to the steak!?
ステーキに何があったの!?

  Thanks for coming to my housewarming party. I know you're probably really hungry, and everything is ready to eat, but first let me show you around my new apartment, starting with the living room. I **brought** the furniture from my old apartment, but I'll get new furniture someday. I **painted** those pictures on the wall myself and **used** colors to match the carpet. My grandmother was going to throw away this round coffee table, so I **decided** to take it and repaint it. Sammy, my dog, likes to sit on the sofa. He's getting old, so sometimes he sits there all day.

  Now come with me, and I'll show you the bedroom. Over there next to the window is an exit to a balcony with a table. I **had** my breakfast there this morning.

  Now I'll show you my kitchen. It's small, but really easy to use. I **cooked** the steaks on this grill, and it was really easy. Well, last of all, let me show you the dining room. I already **put** everything on the table, and it's ready to eat.

  Oh, no! What **happened** to the steak!? SAMMY! WHAT DID YOU DO!? I guess we'll have to order out. I hope you don't mind waiting.

サンドイッチ文 意味のまとまりで区切って考えよう

▶ **Thanks for coming**
来てくれてありがとう

to my housewarming party.
私の引っ越し祝いパーティーに

▶ **I know**
私はわかっています

you're probably really hungry,
皆さんかなりお腹をすかせていることでしょう

and everything is ready to eat,
食べ物の準備はできています

but first <u>let me show you around my new apartment,</u>
でもまず新しいアパートを案内しましょう

<u>starting with the living room.</u>[*1]
リビングルームから

▶ **I brought the furniture**
家具を持ってきました

from my old apartment,
古いアパートから

but I'll get new furniture
でも、新しい家具を買うつもりです

someday.
いつか

▶ I painted
私が描きました

those pictures on the wall
壁にある絵は

myself
自分で

and used colors
そして色を使いました

to match the carpet.
カーペットに合うように

▶ My grandmother was going to throw away
私の祖母が捨てようとしていました

this round coffee table,
この丸いコーヒーテーブルを

so I decided
私は決めました

to take it
もらうことを

and repaint it.
そしてその色を塗り直すことを

▶ Sammy, my dog,
私の犬、サミーは

likes to sit on the sofa.
ソファに座るのが好きです

▶ He's getting old,
彼は老いてきています

so sometimes he sits there
だから彼はそこに座っていることがあります

all day.
一日中

▶ Now come with me,
それじゃあ私についてきて

and I'll show you the bedroom.
寝室を見せましょう

▶ Over there next to the window
そちらの窓の隣が

is an exit to a balcony
バルコニーへの出口です

with a table.
テーブルがあります

▶ I had my breakfast there
私はそこで朝食を食べました

this morning.
今朝

▶ Now I'll show you my kitchen.
続いてキッチンを見せます

▶ It's small,
それは小さいです

but really easy to use.
でもとても使いやすいです

▶ I cooked the steaks
ステーキを焼きました

on this grill,
グリルで

and it was really easy.
とても簡単でした

▶ Well, last of all,
最後に

let me show you the dining room.
ダイニングルームを見せます

▶ I already put everything on the table,
もうすべてテーブルに出してあります

and it's ready to eat.

いつでも食べられます

▶ Oh, no!

うそでしょう

▶ <u>What happened to the steak!?</u>*2

ステーキはどうなったの

▶ SAMMY! WHAT DID YOU DO!?

サミー、あなた何をしたの

▶ I guess

こうしましょう

we'll have to order out.

出前を取りましょう

▶ <u>I hope you don't mind waiting.</u>*3

待ってもらえるとうれしいです

Keywords キーワード

housewarming 新築（引っ越し）祝い
furniture 家具
next to ... ……の隣に
order out 注文する

Points ポイント

*1（P.41）
... let me show you around my new apartment, starting with the living room.

使役動詞letを使ったlet me ...（私に……させて）は、I'll ...（……します）よりもやや丁寧な表現。starting with ...（……を手始めに）は、次の行動を補足的に説明しています。

*2（P.45）
What happened to the steak!?

この文は主語がwhatで、動詞がhappened。「何が起きたの？」という意味です。ここでは感嘆文のように使われていますが、「何があったの？」と聞くWhat happened?も頻出表現です。

*3（P.45）
I hope you don't mind waiting.

mindは「嫌だと思う」「気に障る」なので、mind waitingで「待つことを嫌に思う」、I hope you don't mind ...なら「あなたが嫌じゃないといいのだけど」という意味になります。また、mindは目的語に必ず動名詞をとります。

日本語訳　文章全体としての訳し方を確認しよう

　引っ越し祝いパーティーに来てくれてありがとう。皆さんきっとお腹もすいていることでしょう、食べ物の用意はできているのですが、先に新しいアパートをご案内します。リビングルームから始めますね。家具は前のアパートから持って来たものですが、いつか新しい家具を買うつもりです。壁に飾ってある絵は私が自分で描いたもので、カーペットと合う色使いにしました。この丸いコーヒーテーブルは祖母が処分しようとしていたので、引き取って色を塗り直すことにしたんです。私の愛犬、サミーはこのソファに座るのが好きです。年を取ってきているので、一日中そこに座っていることもあります。

　ではこちらへどうぞ、寝室をお見せしますね。そこの窓のわきが、テーブルのあるバルコニーへの出入り口です。今朝はそこで朝食をとりました。

　次にキッチンをお見せします。狭いですが、とても使いやすくなっています。このグリルでステーキを焼いたのですが、とても簡単でした。それでは最後に、ダイニングルームへご案内します。テーブルにすべて（の食べ物）を出しておいたので、すぐに食事にしましょう。

　そんな！　ステーキは!?　サミー！　あなた何をしたの!?　（出前を）注文しなくちゃいけないみたい。待っていてもらえるかしら？

Unit 4

疑問文

英語の疑問文をつくる際は「主語の倒置」をします。be動詞の文と一般動詞の文では疑問文のつくり方が異なるので、混同しないように注意してください。

キーセンテンス

Do you live with your parents?
あなたは、両親と同居していますか？

文法解説

一般動詞を使った普通の文（平叙文）を疑問文にするには、doの力を借りて、〈Do＋you＋動詞の原形…?〉の形にします。疑問文なので、文の終わりにクエスチョンマーク（?）をつけることを忘れずに。三人称の場合は〈Does＋he/she＋動詞の原形…?〉となります。また、be動詞を使った疑問文は、You are a boy.→Are you a boy?のように、「主語と動名詞（P.163）の位置を入れ替えて最後に"?"をつける」だけでOKです。

Yes / No疑問文への答え方
このUnitで扱った疑問文は「Yes / Noで答えられる疑問文」です。Yes / Noで答えた後の続け方にルールがあるので、確認しましょう。

Do you have a pen?（ペンを持っていますか？）
Yes, I do.（はい、持っています）/ No, I don't.（いいえ、持っていません）
Does she play the guitar?（彼女はギターを弾きますか？）
Yes, she does.（はい、弾きます）/ No, she doesn't.（いいえ、弾きません）
Are you a student?（学生ですか？）
Yes, I am.（はい、そうです）/ No, I'm not.（いいえ、違います）

＊このように〈Yes/No, 主語＋助動詞（or be動詞）〉と、シンプルに答えることが基本です。

It felt like an interview!
まるで面接でした！

I went out on a date with a really cute man last night named Peter. I know him from work, but we hardly ever talked to each other. I didn't think he even knew who I was, so I was really excited when he asked me out, but now I'm not so sure about how I feel.

He was nice, but he asked me so many questions. He wanted to know everything about me. "**Did you** go to college?" I said yes. "**Did you** enjoy college life?" I said it wasn't bad. "**Are you** planning on working after you get married?" I said I hadn't decided. "**Do you** want to have children?" I said I didn't know. He went on and on.

He even wanted to know everything about my family. "**Do you** live with your parents?" I said I did. "**Are you** close to your family?" I said yes. "**Are you** going to move out?" I said I didn't know. "**Are your parents** rich?" I said they were just average.

It felt more like an interview than a date! If he asks me out again, I really don't know what I'm going to say.

サンドイッチ文 意味のまとまりで区切って考えよう

Disc1 トラック07

▶ I went out on a date

私はデートに出かけました

with a really cute man

とてもキュートな男性と

last night

昨夜

named Peter.

ピーターという名の

▶ I know him from work,

私は仕事を通じて彼を知っています

but we hardly ever talked

でも私たちはほとんど話したことがありませんでした

to each other.[*1]

お互いに

▶ I didn't think

私は思っていませんでした

he even knew

彼が知っているとさえ

who I was,

私が誰かを

MEMO

so I was really excited

だからとても興奮しました

when he asked me out,

彼が私を誘ったとき

but now I'm not so sure

でも今はよくわかりません

about how I feel.

自分の気持ちが

▶ He was nice,

彼はいい人でした

but he asked me so many questions.

でも彼は私にたくさんの質問をしました

▶ He wanted to know

彼は知りたがりました

everything about me.

私のすべてを

▶ "Did you go to college?"

「大学に通いましたか」

▶ I said yes.

はいと私は言いました

▶ "Did you enjoy college life?"

「大学生活は楽しめましたか」

▶ I said

私は言いました

it wasn't bad.

悪くはなかったですと

▶ "Are you planning on working

「仕事をするつもりですか

after you get married?"

結婚後も」

▶ I said

私は言いました

I hadn't decided.

まだ決めていませんと

▶ "Do you want to have children?"

「子どもは欲しいですか」

▶ I said

私は言いました

I didn't know.

わかりませんと

▶ He went on and on.[*2]

彼はまだまだ続けました

▶ **He even wanted to know everything**
さらに彼はすべてを知りたがりました

about my family.
家族のことを

▶ **"Do you live with your parents?"**
「ご両親と一緒に住んでいますか」

▶ **I said I did.**
私はそうですと言いました

▶ **"Are you close to your family?"**
「あなたはご家族と仲良しですか」

▶ **I said yes.**
私ははいと言いました

▶ **"Are you going to move out?"**
「実家を出るつもりはありますか」

▶ **I said**
私は言いました

I didn't know.
わかりませんと

▶ **"Are your parents rich?"**
「ご両親はお金持ちですか」

▸ **I said**
私は言いました

they were just average.
ごく普通ですと

▸ **It felt more like an interview**
面接のように感じました

than a date![*3]
デートというよりも

▸ **If he asks me out again,**
もしまた彼が私をデートに誘ったら

I really don't know
まったくわかりません

what I'm going to say.
何と返事をすればよいのか

MEMO

Keywords キーワード

go out on a date デートに出かける（wentは過去形）	**move out** 引っ越す
named ... ……という名前の	**average** 平均
get married 結婚する	**interview** インタビューする、面接する

Points ポイント

*1（P.49）

... we hardly ever talked to each other.

hardlyは「ほとんど〜ない」という意味で、barelyもほぼ同じ意味です。このような、no以外の「否定を表す語句」も頭に入れておくと理解力がグンとアップします。

*2（P.51）

He went on and on.

onは前置詞でもありますが「ずっと」「どんどん」という意味の副詞でもあります。go on and onで「どんどん進む」のように、動作が延々と続く様子を表します。

*3（P.53）

It felt more like an interview than a date!

It feels like ...は「（それを）……のように感じる」の意味。この場合は彼の質問攻めを「面接のように感じた」ということです。more like ... than 〜は「〜というよりむしろ……」という意味になります。

日本語訳　文章全体としての訳し方を確認しよう

　昨夜はピーターという名前のとてもかっこいい男性とデートしました。彼は仕事上の知り合いですが、これまでほとんど話したことはありませんでした。彼が私を知っているとも思っていなかったので、彼にデートに誘われたとき私はすごく興奮しましたが、今は自分の気持ちがよくわかりません。

　彼はいい人だったのですが、私を質問攻めにしたのです。彼は、私に関するすべてを知りたがりました。「大学には行った？」私は、はいと答えました。「大学生活は楽しかった？」私は、それなりにと言いました。「結婚後、仕事はする？」私は、まだ決めていませんと答えました。「子どもは欲しい？」私は、わかりませんと言いました。彼はその後も私を質問攻めにしました。

　彼は私の家族についてもすべてを知りたがりました。「両親と同居しているの？」私は、そうですと答えました。「家族とは仲がいい？」私は、はいと答えました。「実家を出る予定はある？」私は、わかりませんと答えました。「ご両親はお金持ち？」私は、ごく普通ですと答えました。

　デートじゃなくて面接って感じでした！　またデートに誘われたら、何て返事をしたらいいのかわかりません。

Unit 5

否定文

否定文をつくるには、「否定を表す語句」が不可欠です。
その代表はもちろんnot。be動詞と一般動詞の文を中心に、
notを使った否定文のつくり方を確認しましょう。

キーセンテンス

I'm <u>not</u> sleepy at all.
私はちっとも眠くありません。

文法解説

be動詞の否定文をつくるには、be動詞の後にnotを置くだけでOK。You aren't a student.（あなたは学生ではありません）のように、短縮形（aren't / isn't）にすることもあります。一般動詞の否定文は、動詞の前にdon't（三人称単数現在の場合はdoesn't）を入れます。doesの-esは、いわゆる「三単現の-s」の働きをするので、doesn'tを使った場合は動詞の-s（-es）は不要です。動詞は原形に戻しましょう。

〈助動詞（be動詞）＋not〉の短縮形

Unit 4「疑問文」の答え方でも説明していますが、ここでは〈助動詞（be動詞）＋not〉を短縮するパターンをまとめて確認しましょう。

短縮前	短縮後
I do not ...	I don't ...
You do not ...	You don't ...
He/She does not ...	He/She doesn't ...
They do not ...	They don't ...
I am not...	I'm not ...
You are not ...	You aren't ...
He/She is not ...	He/She isn't ...
They are not ...	They aren't ...

I'm not going to do anything
何もしません

　Today was Sunday, and I decided not to do anything. I **didn't** even get out of bed until 10:00. When I woke up, I saw that I had received a message from a friend. She wanted me to go shopping with her, but I wrote her back and said, "Sorry, I **can't**. I **don't** have any free time today." I **didn't** feel good about lying to her, but I just wanted to stay home all day and relax.

　On Sunday, I usually spend a lot of time cleaning and doing laundry, but today I said to myself I**'m not** going to do any of that. So I just sat on the sofa and watched TV. I **didn't** have breakfast, and for lunch I ordered a pizza. When the pizza delivery man arrived at 1:00, I was still in my pajamas, but I **didn't** care.

　In the afternoon, I started to read a book. I really **wasn't** sleepy, but I fell asleep and I **didn't** wake up until 7:00, and then I started watching a long movie. So now it's 10:00, and I**'m not** sleepy at all. I have a really busy day tomorrow. If I **don't** get to sleep, I'm going to be tired all day.

サンドイッチ文 意味のまとまりで区切って考えよう

Disc1 トラック09

▶ **Today was Sunday,**
今日は日曜でした

and I decided not to do anything.[*1]
私は何もしないと決めました

▶ **I didn't even get out of bed**
ベッドを出ることさえしませんでした

until 10:00.
10時まで

▶ **When I woke up,**
目覚めて

I saw
私は見ました

that I had received a message from a friend.[*2]
友達からメールが届いているのを

▶ **She wanted me to go shopping with her,**
彼女は私と一緒に買い物に行きたがっていました

but I wrote her back and said,
でも私は彼女に返信をして言いました

MEMO

"Sorry, I can't.
「ごめん、行けない

▶ I don't have any free time today."
今日は空いている時間がないの」と

▶ I didn't feel good
いい気持ちではありませんでした

about lying to her,
彼女にうそをつくことは

but I just wanted to stay home
でも私はただ家にいたかったのです

all day
一日中

and relax.
そしてリラックスしたかったのです

▶ On Sunday,
日曜日に

I usually spend a lot of time
私はよくたくさんの時間を費やします

cleaning and doing laundry,*3
掃除や洗濯をして

but today I said to myself
でも今日は自分自身に言いました

I'm not going to do any of that.
そのどれもやらないつもりですと

▶ So I just sat on the sofa
だから私はただただソファに座って

and watched TV.
テレビを見ました

▶ I didn't have breakfast,
朝食は食べませんでした

and for lunch
昼食には

I ordered a pizza.
ピザを注文しました

▶ When the pizza delivery man arrived
ピザの配達人が到着したとき

at 1:00,
1時に

I was still in my pajamas,
私はまだパジャマを着ていました

but I didn't care.
でも気にしませんでした

▶ In the afternoon,
午後に

I started to read a book.
私は本を読み始めました

▶ I really wasn't sleepy,
私はあまり眠くありませんでした

but I fell asleep
でも眠りに落ちました

and I didn't wake up
そして私は起きませんでした

until 7:00,
7時まで

and then I started watching
次に私は見始めました

a long movie.
長い映画を

▶ So now it's 10:00,
そして今は10時です

and I'm not sleepy at all.
私はまったく眠くありません

▶ I have a really busy day tomorrow.
明日はとても忙しい日です

▶ If I don't get to sleep,
眠らないと

I'm going to be tired
くたびれてしまうでしょう

all day.
一日中

Keywords キーワード

get out of ...	……から出る
until ...	……までに
receive	受け取る
lie	うそをつく
laundry	洗濯
delivery	配達
fall asleep	眠る(fellは過去形)
not ... at all	全く……でない

Points ポイント

*1（P.57）
... I decided not to do anything.
notの位置に注目。「……しないことにする」という意味にするため、to do ...の前にnotが使われています。(not) to do ...（……すること［しないこと］）はdecideの目的語です。

*2（P.57）
When I woke up, I saw that I had received a message from a friend.
whenは「〜するとき」という意味の接続詞。過去完了形had receivedは、メールを受信したのがそれに気づいた過去の時点よりさらに前に起きたことを表しています。

*3（P.58）
... I usually spend a lot of time cleaning and doing laundry, ...
spend time ...ingは「……するのに時間を費やす」の意味。timeの部分には、a lot of timeやtwo hoursのような「時間の長さ」を表す表現が入ります。動詞は必ず...ing形になることもポイントです。

日本語訳 文章全体としての訳し方を確認しよう

　今日は日曜日だったので、何もしないと決めていました。10時までベッドから出ることすらしませんでした。起きると、友達からメールが届いていました。買物につきあってほしいとのことでしたが、私は「ごめん、無理。今日はひまな時間がまったくないの」と返信しました。彼女にうそをつくのは心苦しかったのですが、私はただ一日家にいて、まったりしたかったのです。

　日曜日には、私はたいてい時間をかけて掃除や洗濯をするのですが、今日は「(掃除や洗濯を)一切しない」と心の中で思いました。だから私はただソファに座り、テレビを見ました。朝食はとらず、お昼はピザを注文しました。ピザの宅配員が1時にやってきたとき、私はまだパジャマのままでしたが、私はお構いなしでした。

　午後になると、私は読書を始めました。本当は眠くなかったのに眠ってしまい、7時まで目覚めませんでした。それから長編映画を見始めてしまいました。今は10時なのに、まったく眠くありません。明日はすごく忙しい日です。もし眠れなければ、明日は一日中だるくなってしまうでしょう。

Unit 6

命令文

「～しなさい」と命じる場合に用いるのが命令文。
命令文は「いきなり動詞から始まる」一文なので、
「主語がない」ことが特徴です。

キーセンテンス

Keep your voices down.
声を小さくしてください。

文法解説

英語の命令文はキーセンテンスのように主語Youを取り、動詞の原形keepから文章を始めます。be動詞の場合もBe quiet.（静かにしなさい）のように、原形のbeを使います。否定の命令文「～するな」をつくる場合には、Please don't talk loudly.（大きな声でしゃべらないでください）と、don'tを動詞の前につけます。pleaseを文頭、あるいは文末につけると丁寧な響きになります。

命令文のパターンのまとめ

基本的な命令文のパターンを表にまとめて確認しましょう。よく知られているLet's ...（～しましょう）も、命令文のひとつです。

	命令文	否定命令文
一般動詞	Open the door. （ドアを開けなさい）	Don't eat too much. （食べすぎるな）
be動詞	Be kind to others. （ほかの人に親切にしなさい）	Don't be shy. （恥ずかしがらないで）
Let's ...	Let's go to the park together. （一緒に公園に行きましょう）	Let's not talk about it now. （今、その話をするのはやめましょう）

I'm going to show you around the library
図書館を案内します

Okay, everyone, **please don't** talk loudly. I've been working here at the library for six months, and it's one of the best jobs I've ever had. I'm going to show you around the library and also tell you about the rules you need to follow.

There are some people studying here, so **keep your voices down**. As you can see, all the books on these shelves are non-fiction. You're not allowed to check out the dictionaries, but you can check out everything else.

In addition to books, the library also has some computers that you can use. This computer is broken right now, but the others are working. **Make sure** that you turn them off after using them. **Follow** the rules or you won't be allowed to use the library.

This is an area where you can sit on a sofa and read a book. A lot of people come here to study, so we want to make it a comfortable area. **Don't eat** or smoke here, and **please don't** talk, so you don't bother others.

Finally, this is the office, and this is my work desk. Hmm… what's this message on my desk? It says… I've been fired for talking too much and too loud!

サンドイッチ文　意味のまとまりで区切って考えよう

▶ **Okay, everyone,**
では皆さん

please don't talk
しゃべらないでください

loudly.
大きな声で

▶ **I've been working here**
私はここで働いています

at the library
図書館で

for six months,
6カ月間

and <u>it's one of the best jobs</u>
素晴らしい仕事のひとつです

<u>I've ever had.</u>[*1]
私が経験してきた中で

▶ **I'm going to show you**
私が案内しましょう

around the library
図書館のあちこちを

and also tell you
それから、説明します

about the rules
ルールについて

you need to follow.
あなたたちが守らなければいけない

▶ **There are some people studying here,**
ここで勉強している人たちがいます

so keep your voices down.
だから声を抑えて

▶ **As you can see,**
見てわかるように

all the books on these shelves
これらの本棚の本はすべて

are non-fiction.
ノンフィクションです

▶ **You're not allowed**
皆さんは許されていません

to check out the dictionaries,
辞書を借りることを

but you can check out
しかし借りることができます

everything else.
そのほかはすべて

▶ In addition to books,
本のほかに

the library also has some computers
図書館には数台のパソコンがあります

that you can use.
皆さんが使うことができます

▶ This computer is broken right now,
このパソコンは今壊れています

but the others are working.
しかし、ほかの（パソコン）は動きます

▶ Make sure
必ず行ってください

that you turn them off
電源を切ることを

after using them.
使った後は

▶ Follow the rules
ルールを守って

or you won't be allowed

そうしないと、許されません

to use the library.

図書館を使うことを

▶ **This is an area**

この場所は

where you can sit on a sofa

ソファに座ることができます

and read a book.*2

それから、本を読むことができます

▶ A lot of people come here to study,

たくさんの人がここに勉強をしにやって来ます

so we want to make it

だから私たちはしたいのです

a comfortable area.

居心地のいい場所に

▶ Don't eat or smoke here,

ここで食べたり、喫煙したりしないでください

and please don't talk,

話さないでください

so you don't bother others.

そうすれば、ほかの人に迷惑をかけません

▶ Finally,
最後に

this is the office,
ここはオフィスです

and this is my work desk.
これが私の仕事机です

▶ Hmm...what's this message on my desk?
うーん……机の上のこのメッセージは何でしょうか

▶ It says...
こう書いてあります……

<u>I've been fired</u>
私はクビですと

<u>for talking too much and too loud!</u>[*3]
話しすぎと声が大きすぎるのが原因で

Keywords キーワード

loudly 大声で	**check out** 借りる
shelf 棚	**in addition to ...** ……に加えて
allow 許す	**turn (...) off** ……の電源を切る

Points ポイント

*1（P.65）
... it's one of the best jobs I've ever had.
one of the best ...で「最高の……のひとつ」という意味です。I've ever hadが修飾しているのが先行詞the best jobsで、この文では関係代名詞のthatは省略されています。

*2（P.68）
This is an area where you can sit on a sofa and read a book.
場所を表す言葉areaがどこを指しているのか説明しているのが関係副詞where以下の文です。whereはin whichとも言い換えられます。

*3（P.69）
... I've been fired for talking too much and too loud!
fire（解雇する）の受け身形は、be fired。さらに、これは「結果」を表す現在完了形の文なので、have been fired（解雇されてしまった）となります。for ...は「……を理由に」という意味です。

日本語訳 文章全体としての訳し方を確認しよう

　では皆さん、大きな声でおしゃべりしないように。私はこの図書館で働き始めて6カ月になります、今までやってきた仕事の中でも特に気に入ってる仕事のひとつです。これから図書館のご案内と、守ってほしいルールについてお話します。
　ここでは勉強をしている人がいるので、小声で話してください。見てわかるように、これらの本棚にある本はすべてノンフィクションです。辞書は貸出禁止ですが、それ以外は借りることができます。
　本のほかに、図書館には皆さんがご利用いただけるパソコンがあります。このパソコンは今壊れてしまっているのですが、ほかは大丈夫です。使用後は必ず電源を切るようにしてください。ルールを守れない方には、図書館の利用をご遠慮いただきます。
　ここはソファに座って本を読めるスペースです。多くの人がここで勉強をしているので、皆さんが快適にすごせる場所にしたいと思っています。ここでは食事や喫煙は禁止です、会話もやめて、ほかの人のご迷惑にならないようにしてください。
　最後に、ここが事務所です。これが私のデスクです。おや……私のデスクにメッセージが？ 話しすぎと声が大きすぎるという理由で、私はクビですって！

Unit 7

5W1H 疑問詞

疑問詞5W1Hとは、What（何）、Who（誰）、Where（どこ）、When（いつ）、Which（どちらの）、How（どう）のこと。表現力や会話の幅をグンと広げてくれる疑問詞を復習しましょう。

キーセンテンス

What are your plans for Saturday?
土曜日はどんな予定ですか？

文法解説

疑問詞にはwhat（何）やwhere（どこ）などがあります。キーセンテンスは、Your plans for Saturday are X.（あなたの土曜日の予定はXです）の聞きたい部分「X」をwhat（何）に置き換え、Whatを文頭に出して、疑問文と同じ〈主語＋動詞〉の語順にした一文です。X plays tennis.（Xはテニスをします）のように聞きたいことが「主語」の場合は、Who plays tennis?（誰がテニスをしますか？）となり、倒置はしません。

疑問詞の一覧

疑問詞には、What time ?（何時?）やHow much ?（いくら?）のように、連語になっているパターンもあります。疑問詞と連語の種類をマスターしましょう。

疑問詞	What ~?(何~?)、Who ~?(誰~?)、Where ~?(どこ~?) When ~?(いつ~?)、Why ~?(なぜ~?)、Which ~?(どちら~?) Whose ~?(誰の~?)、How ~?(どう~?)
疑問詞 （連語）	What time ~?(何時~?)、What day ~?(何曜日~?) How old ~?(何歳~?)、How long ~?(どれくらい~?) How much ~(いくら~?)、How many ~?(いくつ~?) など

To tell you the truth, I'm not very interested ...
実を言うと、あまり興味が……

A: What are your plans for Saturday? I'm going to go to a museum, so if you have time, please join me. It's going to be a lot of fun.
B: I'd love to go with you, but I have to work on Saturday, so maybe we can do something together next week?
A: That's too bad, but **what** time do you finish work?
B: I probably won't finish until around 6:00, so that will be too late, won't it?
A: No, that would work out perfectly. The museum is open until 9:00 on Saturdays. **Where** do you want to meet? **How** are you going to get to the museum?
B: Why do you want to go to the museum so badly? **How** much is it going to cost?
A: It's only five dollars. I want to see a photo exhibition on chairs. They were made by children 20years ago. I'm sure it's going to be exciting. Are you interested?
B: To tell you the truth, I'm not very interested in chairs.
A: Well, **why** didn't you just tell me that when I invited you? You wasted my time!
B: I'm not interested in seeing chairs. I don't care **who** made them or **when** they were made. You wasted MY time!

サンドイッチ文 意味のまとまりで区切って考えよう

Disc1 トラック13

MEMO

▶ **A**: What are your plans
あなたの計画は何ですか

for Saturday?
土曜日の

▶ I'm going to go
私は行くつもりです

to a museum,
博物館に

so if you have time,
だから、もし時間があったら

please join me.
私と一緒に来てください

▶ It's going to be a lot of fun.
きっと楽しいですよ

▶ **B**: I'd love to go
ぜひ行きたいです

with you,
あなたと

but I have to work
でも、私は仕事をしなければなりません

on Saturday,
土曜日に

so maybe we can do something together

だから、たぶん一緒に何かできます

next week?

来週に

▶ **A**: That's too bad,*1

それは残念です

but what time do you finish work?

でも何時に仕事が終わるんですか

▶ **B**: I probably won't finish

おそらく終わらないでしょう

until around 6:00,

6時頃まで

so that will be too late,

ですから、それでは遅すぎますよね

won't it?*2

そうではありませんか

▶ **A**: No, that would work out

いいえ、それでうまくいくでしょう

perfectly.

完ぺきに

MEMO

▶ **The museum is open**
博物館は開いています

until 9:00
9時まで

on Saturdays.
土曜日は

▶ **Where do you want to meet?**
どこで待ち合わせるのがいいですか

▶ **How are you going to get**
どうやって行くつもりですか

to the museum?
博物館には

▶ **B: Why do you want to go**
どうして行きたいのですか

to the museum
博物館に

so badly?
そんなに

▶ **How much is it going to cost?**
料金はいくらかかりますか

▶ **A: It's only five dollars.**
たったの5ドルです

▸ **I want to see**
私は見たいのです

a photo exhibition on chairs.
イスの写真展を

▸ **They were made by children**
それらは子どもたちによってつくられました

20 years ago.
20年前に

▸ **I'm sure**
私は確信しています

it's going to be exciting.
それが素晴らしいものになるだろうと

▸ **Are you interested?**
あなたは興味がありますか

▸ **B**: <u>To tell you the truth,</u>
正直に言うと

<u>I'm not very interested</u>
私は興味がありません

<u>in chairs.</u>[*3]
イスに

▶ **A**: Well, why didn't you just tell me that

それじゃあ、どうしてそれを私に言わなかったのですか

when I invited you?

私があなたを誘ったときに

▶ You wasted my time!

あなたは私の時間をムダにしました

▶ **B**: I'm not interested

私は興味がありません

in seeing chairs.

イスを見ることに

▶ I don't care

どうでもいいです

who made them

誰がそれらをつくったのか

or when they were made.

あるいは、それらがいつつくられたのか

▶ You wasted MY time!

あなたこそ私の時間をムダにしました

Keywords キーワード

join 参加する	exhibition 展示会
perfectly 完ぺきに	be interested in ... ……に興味のある
badly とても	waste 無駄にする
cost （お金が）かかる	

Points ポイント

*1（P.74）
That's too bad, ...
That's too bad.（残念だね）は、残念な気持ちを伝えるカジュアルな相づち表現です。口語ではthat'sを省略したToo bad.を使うことも。

*2（P.74）
... that will be too late, won't it?
..., won't it?は「……ですよね？」のように、単なる「疑問」ではなく「確認」のニュアンスで使われる「付加疑問文」です。肯定文の場合は「否定の疑問形」を、否定文の場合は「肯定の疑問形」を文末に置くのがルールです。

*3（P.76）
To tell you the truth, I'm not very interested in chairs.
To tell you the truth（実を言うと）は、To make matters worse（さらに悪いことには）と同様、慣用句的に使われる頻出表現です。

日本語訳 文章全体としての訳し方を確認しよう

A: 土曜日は何してる？ 博物館に行こうと思っているんだけど、もし時間があったら、一緒に来ない？ きっと楽しいと思う。
B: 行きたいけど、土曜日は仕事なの、来週一緒に何かできないかな？
A: それは残念、ところで仕事は何時に終わるの？
B: 6時くらいまでかかりそうだから、それでは遅すぎるよね？
A: いいえ、それならまったく問題ないわ。博物館は土曜日は9時まで開いているから。どこで待ち合わせる？ 博物館まではどうやって来るの？
B: どうしてそんなに博物館に行きたいの？ 入場料はいくら？
A: たったの5ドルよ。イスの写真展を見たくて。20年前に子どもたちがつくったイスなの。絶対におもしろいと思う。興味ある？
B: 正直に言うと、イスにはあまり興味ないかな。
A: もう、それならどうして誘ったときに言ってくれなかったの？ 時間のムダじゃない！
B: イスを見ることに、興味がないんだもの。誰がつくったとか、いつつくられたかなんてどうでもいいし。私の時間をムダにしたのはあなたの方じゃない！

Unit 8

一人称と二人称代名詞の単数と複数

一人称とは「話し手」、二人称とは「聞き手」のこと。
ここでは一人称と二人称の代名詞を復習します。
三人称（それ以外）については、次のUnitで紹介します。

キーセンテンス

I feel sorry for you.
私はあなたをかわいそうに思います。

文法解説

一人称の人称代名詞はI（私）ですが、複数の場合はwe（私たち）になります。二人称の人称代名詞はyou（あなた）で、こちらは複数の場合も同じくyouですが「私たち」という意味になります。人称代名詞は「格の変化」にも注意が必要です。主語の場合には「主格」、「私の〜」と「所有」を表している場合には「所有格」、目的語の場合には「目的格」という形を用います（詳しくは、下の表を参考にしてください）。

人称代名詞（一人称と二人称）の核変化

表にある「所有代名詞」とは「〜のもの」という意味を表す代名詞です。例えば、mineだったら「私のもの」という意味になります。

人称		主格	所有格	目的格	所有代名詞
一人称	私	I	my	me	mine
二人称	あなた	you	your	you	yours

人称		主格	所有格	目的格	所有代名詞
一人称	私たち	we	our	us	ours
二人称	あなたたち	you	yours	you	yours

I hope you don't run out of money!
金欠にならないようにね！

I know **you**'re sad, but crying won't help. **You** never have enough money, and **you**'re always having trouble paying **your** bills. **You** need to pay off **your** credit card, or it will get canceled! **I** feel sorry for **you**, but all **I** can do is give **you** some advice. **We** really need to be careful with **our** money.

My father only sends **me** 10,000 dollars a month. **I** need to spend it carefully, or **I**'ll run out of money before the end of the month. **I**'ve thought about getting a job, but then **I** wouldn't have time to go shopping. This has forced **me** to think about how **I** spend my money. **I** try not to spend more than 500 dollars on shoes every month, or **I**'ll have to stop having champagne for lunch. **I** know **you** hate to cut down on **your** spending, but **we**'re single women, so for **us**, it's especially important.

You can listen to **my** advice or not, but **I** hope **you** don't run out of money. **You** can keep crying if **you** want, but how about having lunch with **me**? **You**'ll feel better if **you** eat something yummy. It always helps **me**. What? Why do **I** have to pay? **I** just said **I**'m broke too!

サンドイッチ文 意味のまとまりで区切って考えよう

Disc1 トラック15

MEMO

▶ **I know**
私はわかります

you're sad,
あなたが悲しんでいると

but crying won't help.
でも泣いても解決しません

▶ **You never have enough money,**
あなたはいつも十分なお金がなくて

and you're always having trouble
いつも困っています

paying your bills.[*1]
請求書の支払いに

▶ **You need to pay off your credit card,**
あなたはクレジットカードのお金を支払わなければなりません

or it will get canceled![*2]
そうしないと、解約させられます

▶ **I feel sorry for you,**
あなたのことをかわいそうに思います

but all I can do
でも私がしてあげられることは

is give you some advice.
あなたにアドバイスをあげることです

▶ We really need to be careful
私たちは本当に気をつけなければなりません

with our money.
お金に

▶ My father only sends me 10,000 dollars a month.
父は私に１カ月１万ドルしか送ってくれません

▶ I need to spend it carefully,
気をつけて使わなければなりません

or I'll run out of money
そうしないと、お金を使い切ってしまうでしょう

before the end of the month.
月末までに

▶ I've thought about getting a job,
仕事に就くことを考えました

but then I wouldn't have time
でも時間がなくなってしまいます

to go shopping.
ショッピングをするための

▶ **This has forced me to think**
これは私に考えさせました

about how I spend my money.
お金がどのように使われているのかついて

▶ **I try not to spend more than 500 dollars**
500ドルを超える額を使わないようにしています

on shoes
靴に

every month,
毎月

or I'll have to stop
さもないと、やめなければならないでしょう

having champagne for lunch.
昼食と一緒にシャンパンを飲むことを

▶ **I know**
私は知っています

you hate to cut down on your spending,
あなたは支出を抑えるのが嫌いだということを

but we're single women,
でも私たちは独身だから

so for us,
自分たちのために

it's especially important.
（節約することは）特に重要です

▶ You can listen to my advice
私のアドバイスを取り入れてもいいし

or not,
取り入れなくてもいいです

but I hope
でも私は願っています

you don't run out of money.
あなたのお金が尽きないことを

▶ You can keep crying
泣き続ければいいでしょう

if you want,
そうしたいなら

but how about having lunch
でもランチを食べませんか

with me?*3
私と一緒に

▶ **You'll feel better**
   気分がよくなりますよ

   if you eat something yummy.
   おいしいものを食べると

▶ **It always helps me.**
   （おいしいものは）いつも私を救ってくれます

▶ **What?**
   なんですって

▶ **Why do I have to pay?**
   どうして私が払わないといけないのですか

▶ **I just said I'm broke too!**
   私も金欠だって今言ったでしょう

Keywords キーワード

bill　紙幣
run out of ...　……を使い切る
more than ...　……を超える
broke　金欠の

Points ポイント

*1（P.81）
... you're always having trouble paying your bills.
have trouble ...ing は「……するのに苦労する」という意味の慣用表現です。また、この you're always ...ing のように always と「現在進行形」が一緒に使われると、「いつも……ばかりしている」という非難の気持ちが込められる場合があります。

*2（P.81）
You need to pay off your credit card, or it will get canceled!
〈命令文や義務などを表す文＋or ...〉のパターンは、「～しなさい。さもないと……」の意味で、通常「喜ばしくないこと」が起きることを示唆する助言や忠告の文が続きます。

*3（P.84）
... how about having lunch with me?
How about ...? は「……はどう？」と提案する表現。about は前置詞なので、後ろに動詞を続ける場合は ...ing 形に。How about you?（あなたはどう？）は相手に同じ質問を返す際に便利。

日本語訳　文章全体としての訳し方を確認しよう

　悲しいのはわかるけど、泣いていたってしょうがないよ。あなたは常に金欠で、月々の支払いに四苦八苦しているよね。クレジットカードの支払いをしないと、解約させられてしまうよ！ あなたのこと気の毒には思っているけど、私にはアドバイスくらいしかできないよ。私たちはみんなお金については本当にちゃんとしないといけないんだから。
　私の父は月に1万ドルしか仕送りしてくれないの。（だから）よく考えて使わないと、月末までにお金を使い切ってしまう。仕事をすることも考えたけど、買い物に行く時間がなくなっちゃうじゃない。だからお金を賢く使わざるを得ないという状況になっているわけ。できるだけ月々の靴代が500ドルを超えないように努力してるの、そうしないと昼食にシャンパンを飲めなくなってしまうから。節約が嫌いなのはわかるけど、私たちは独身なんだから、自分たちのためにこれはとても重要なことよ。
　私のアドバイスを聞き入れてくれても、聞かなくてもいいけど、あなたのお金が底をつかないことを祈ってる。そこで泣いていてもいいけど、私とランチでもいかない？　おいしいものを食べると気分転換になるわよ。私はいつもこの方法で立ち直っているのよ。え？　どうして私がおごらないといけないの？　私のお財布事情も厳しいって言ったじゃない？

Unit 9 三人称代名詞の単数と複数

ここでは三人称の代名詞を復習します。
三人称とは、he（彼）やshe（彼女）など、
「私」「あなた」以外のすべてを示す人称です。

キーセンテンス

She's my best friend.
彼女は私の親友です。

文法解説

三人称の人称代名詞（単数）には、he（彼）、she（彼女）、it（それ）があります。複数の場合は、三人称の人称代名詞はすべてtheyを用います。ここが日本語の感覚と違うところです。たとえば「男性10人、女性10人」の20人のグループでも、英語ではtheyで指します。この場合は、性別を意識させない「その人たち」などに訳すといいでしょう。また、itの「所有格」itsをit isの短縮形it'sと混同しないよう、注意しましょう。

人称代名詞（三人称）の格変化

itの所有代名詞は「なし」になっていますが、itsをitの所有代名詞として使うことは可能です。でも、現代のネイティブがそれを使うことはまずないでしょう。

人称		主格	所有格	目的格	所有代名詞
三人称	彼	he	his	him	his
	彼女	she	her	her	hers
	それ	it	its	it	なし

人称		主格	所有格	目的格	所有代名詞
三人称	彼ら	they	their	them	theirs
	彼女ら				
	それら				

She'll always be my best friend
彼女はずっと私の親友です

They say that friendships come to an end after the wedding, but I hope that's not true.

I've known Nancy for most of my life, and **she**'s my best friend. **She** recently got married to a really nice man named Sam. A few weeks after **their** wedding, **they** invited me over to **their** new apartment. I was looking forward to having a nice dinner with **them**, but when I got there at 6:00, Sam was still at work. I helped prepare dinner, and then we talked while we waited for Sam.

At about 7:00, **he** called and said **it** would take **him** another hour to get home. We were hungry, but we were enjoying the evening, so we didn't mind. Then at around 8:30, Sam called again and said that **his** boss was going to make **him** work until 11:00. Well, we decided to eat without **him**. There was so much food, and everything tasted wonderful because we were so hungry.

I'm sure that Nancy will always be my best friend whatever happens, but if **her** husband continues to work late all the time, I'm worried that I'll put on lots of weight!

サンドイッチ文 意味のまとまりで区切って考えよう

Disc1 トラック17

MEMO

▶ **They say**
よく言われています

that friendships come to an end
友情は終わりを迎えると

after the wedding,
結婚後に

but I hope
でも私は願います

that's not true.
それが事実ではないことを

▶ **I've known Nancy**
私はナンシーを知っています

for most of my life,
私の人生の大半で

and she's my best friend.
彼女は親友です

▶ **She recently got married**
彼女は最近結婚しました

to a really nice man
とてもいい男性と

named Sam.
サムという名の

▶ **A few weeks after their wedding,**
結婚式の数週間後に

they invited me over
彼らは私を招待しました

to their new apartment.
新しいアパートに

▶ **I was looking forward to having a nice dinner**
私はすてきなディナーを楽しみにしていました

with them,[*1]
彼らとの

but when I got there at 6:00,
でも、私が6時にそこへ行くと

Sam was still at work.
サムはまだ仕事場にいました

▶ **I helped prepare dinner,**
私はディナーの準備を手伝いました

and then we talked
そして私たちはおしゃべりをしました

while we waited for Sam.[*2]
サムを待つ間

▶ **At about 7:00,**
7時頃に

he called and said
サムが電話をしてきて言いました

it would take him another hour
あと1時間かかるだろうと

to get home.
家に着くまでに

▶ **We were hungry,**
私たちはお腹がすいていました

but we were enjoying the evening,
でも私たちは夜を楽しんでいました

so we didn't mind.
だから気になりませんでした

▶ **Then at around 8:30,**
そして8時30分頃に

Sam called again and said
サムがまた電話してきて言いました

that his boss was going to make him work
上司が彼に仕事をさせるつもりだと

until 11:00.
11時まで

▶ Well, we decided to eat
それで私たちは食べることにしました

without him.
彼抜きで

▶ There was so much food,
たくさん食べ物がありました

and everything tasted wonderful
全部おいしかったです

because we were so hungry.
私たちはとてもお腹がすいていたので

▶ I'm sure
私は確信しています

that Nancy will always be my best friend
ナンシーはこれからもずっと私の親友です

whatever happens,[*3]
何があっても

but if her husband continues to work late

でも、彼女の夫が残業続きなら

all the time,

年がら年中

I'm worried

私は心配しています

that I'll put on lots of weight!

私の体重がたくさん増えてしまうことを

Keywords キーワード

come to an end 終わる	husband 夫
at work 仕事場で	continue 続ける
taste 味がする	put on weight 体重が増える

Points ポイント

＊1（P.90）
I was looking forward to having a nice dinner with them, …
look forward to …は「……を楽しみにする」。… には「名詞」あるいは「動名詞（P.163）」が入ります。進行形でも現在形でも使えますが、進行形のほうがよりカジュアルな印象に。

＊2（P.90）
… we talked while we waited for Sam.
whileは接続詞で、ここでは「〜しながら」「〜する間」という意味。文中に出てくる接続詞がしっかり聞き取れると、ヒアリングの際の意味の理解に役立ちます。

＊3（P.92）
I'm sure that Nancy will always be my best friend whatever happens, …
I'm sure …はかなり確信を持って「私は……だと思う」というときの表現。whatを強調した語がwhateverで、whatever happensは「例え何が起ころうとも」という副詞節です。

日本語訳 文章全体としての訳し方を確認しよう

　結婚すると友情は終わりを迎えるなどと言いますが、私はそれが本当でなければいいと思っています。
　私はナンシーと知り合って長く、彼女は私の親友です。最近、彼女はサムというとても素晴らしい男性と結婚しました。結婚から数週間経ったころ、二人は私を新居に招待してくれました。私は彼らと楽しく夕食をとるのを心待ちにしていましたが、6時に到着したところ、サムはまだ（会社で）仕事中でした。夕食の準備を手伝った後、サムを待つ間私たちはおしゃべりをしました。
　7時頃、彼から電話があり、帰宅まであと1時間かかると言われました。私たちはお腹はすいていましたが、夜のひとときを楽しくすごしていたので、別に気にはなりませんでした。8時半頃にサムから再び電話があり、上司に11時まで働くように言われたとのことでした。それで、彼抜きで食事をすることにしました。食べ物はたくさんありましたし、腹ぺこだったのでどれもとてもおいしかったです。
　何があろうとも、ナンシーはこれからも私の親友であり続けることでしょう、でも彼女の夫がこれからもずっと残業続きになったら、私はかなり太ってしまうかもしれないと心配しています！

Unit 10

There is、There are構文

「〜がある」「〜がいる」という意味のThere is 〜. / There are 〜.構文。単数名詞にはThere is 〜.を、複数名詞や名詞が複数ある場合にはThere are 〜.を使います。

キーセンテンス

There's a break at 10:30.
10時半に休憩があります。

文法解説

There is 〜. / There are 〜.は「(そこに)〜がある」という存在を表します。そのため、文頭のThereに意味はありません。これらの本来の主語はbe動詞の直後にある名詞だと考えましょう。存在文を疑問文にするときには、Is there 〜? / Are there 〜?のように、thereとbe動詞を倒置させます。否定文にする場合は、There isn't 〜. / There aren't 〜.と、be動詞にnotをつければOKです。

場所を表す表現

There is 〜. / There are 〜.を使う場合、下記のような「場所を表す表現」がよく一緒に使われます。前置詞とセットで覚えてネイティブの感覚を身につけて。

in+名詞「〜の中に」
There are a some candies in my pocket. (私のポケットにはあめが入っています)

by+名詞「〜のそばに」
There's a cane by the door. (ドアのそばに、1本の杖があります)

near+名詞「〜の近くに」
Is there a convenience store near your house?
(あなたの家に近くには、コンビニがありますか?)

on+名詞「〜の上に」
There are some pictures on the wall.
(壁にはいくつかの写真が飾ってあります)

Sorry about that!
ごめんなさい！

Oh, good! I'm so glad you're still in the office. I got to the meeting hall, but I forgot all my speech notes somewhere in the office. I need you to find them and bring them here. **There's** a break at 10:30. I need them by then.

Okay, so now go to my desk, and on the left **there are** three big folders. Could you look in the red folder? **There is** a green clearfile in the back. Well, if the notes aren't there, then they might be on the shelf above my desk in a green clearfile, or maybe it was blue. They have to be there, so keep on looking.

Okay, maybe I left them in the cafeteria after our lunch meeting yesterday. **There was** a small table in the corner of the room, where I might have left them. I really hope that someone didn't throw them away. Could you go look in the trash? I know it smells bad, but if I don't have those notes, I'll be in serious trouble, so keep on looking. Oh, you can stop looking now because I just found them in my bag. Sorry about that!

サンドイッチ文 意味のまとまりで区切って考えよう

▶ **Oh, good!**
ああ、よかったです

▶ **I'm so glad**
私はとてもうれしいです

you're still in the office.[*1]
あなたがまだオフィスにいることが

▶ **I got to the meeting hall,**
私は会議場に来ました

but I forgot all my speech notes
しかし、スピーチメモを全部置き忘れました

somewhere in the office.
オフィスのどこかに

▶ **I need you to find them**
あなたにそれらを見つけてほしいのです

and bring them here.[*2]
そして、それらをここに持ってきてほしいのです

▶ **There's a break at 10:30.**
10時30分から休憩時間があります

▶ **I need them**
私はそれらが必要です

by then.
そのときまでに

▶ **Okay, so now**
よし、それでは

go to my desk,
私のデスクのところに行ってください

and on the left
すると左側に

there are three big folders.
大きいフォルダーが3つあります

▶ <u>**Could you look in the red folder?**</u>[*3]
赤いフォルダーを見てもらえますか？

▶ **There is a green clearfile**
そこに緑のクリアファイルがあります

in the back.
うしろに

▶ **Well, if the notes aren't there,**
もしメモがそこになければ

then they might be on the shelf
棚にあるはずです

above my desk
私のデスクの上の

in a green clearfile,
緑のクリアファイルの中に

MEMO

or maybe it was blue.

あるいはそれは青かもしれません

▶ They have to be there,

そこにあるはずです

so keep on looking.

だから探し続けてください

▶ Okay, maybe I left them

わかりました、私は置いたのかもしれません

in the cafeteria

カフェテリアに

after our lunch meeting yesterday.

昨日のランチミーティングの後に

▶ There was a small table

小さいテーブルがありました

in the corner of the room,

部屋のすみに

where I might have left them.

そこにメモを置き忘れたのかもしれません

▶ I really hope

私は強く願います

that someone didn't throw them away.

誰かが捨てていないことを

▶ **Could you go look**
見に行っていただけませんか

in the trash?
ゴミ箱の中を

▶ **I know**
私は知っています

it smells bad,
それがひどくにおうことを

but if I don't have those notes,
しかしそのメモがなければ

I'll be in serious trouble,
私はとても困ります

so keep on looking.
だから探し続けて

▶ **Oh, you can stop looking now**
あっ、もう探すのをやめていいですよ

because I just found them
なぜなら、たった今それらを見つけたからです

in my bag.
私のかばんの中に

▶ **Sorry about that!**
ごめんなさい

Keywords キーワード

somewhere　どこかに	throw (...) away　……を捨てる
shelf　棚	trash　ごみ
keep on ...ing　……し続ける	smell　におう

Points ポイント

*1（P.97）
I'm so glad you're still in the office.
I'm so gladの後のthat が省略されています。そのため (that) you're still in the office（あなたがまだオフィスにいてくれたこと）が「うれしい」という意味に。

*2（P.97）
I need you to find them and bring them here.
need ... to ～は「……に～してもらう必要がある」という意味なので、I need you to ...は「……してください」という「指示」を表します。want to ...とwould like to ...にも同じ用法があります。

*3（P.98）
Could you look in the red folder?
ちょっと込み入ったお願いをするならCan you ...? ではなく、より丁寧なニュアンスのあるCould you ...?を使いましょう。相手や場面を選ばない、依頼する際の万能表現です。

日本語訳　文章全体としての訳し方を確認しよう

　ああ、よかった！ あなたがオフィスにいてくれて本当によかった。会議室まで行ったんだけど、スピーチ用のメモをオフィスのどこかに置いてきてしまって。(あなたに) そのメモを見つけて、ここに届けてほしいんです。10時半に休憩があります。それまでに必要なんです。

　それじゃあ、私のデスクに行ってください、左側に、3つの大きなフォルダーがあるはずです。赤いフォルダーを見てもらえますか？ 緑のクリアファイルがうしろにあるはずです。そうですね、もしメモがなければ、机の上の棚にある緑のクリアファイルにあるかもしれません、青だったかな。その辺にあるはずなので、よく探してください。

　そうですか、もしかすると昨日のランチミーティングの後、カフェテリアに置き忘れたのかもしれません。部屋の角に小さいテーブルがあったので、そこに置いてきたのかも。誰かに捨てられていないといいのですが。ゴミ箱の中を見てもらえますか？ クサいとは思うけど、もしあのメモがないと、大変なことになるんです、だからあきらめずに探してください。あ、もう探さなくて大丈夫、私のカバンの中にありました。ごめんなさい！

Unit 11

助動詞1

「助動詞」とは、動詞の原形とセットで用いることによって、さまざまな意味を付け加えることができる便利な言葉です。〈助動詞＋動詞の原形〉の語順で用います。

キーセンテンス

This <u>may</u> be our most important project ever.
これは我々にとって、これまでで最も重要なプロジェクトかもしれません。

文法解説

助動詞を使う場合には、このThis may be ...のように、動詞を必ず原形にします。助動詞は人称によって形が変わることはないので、thisは「三人称単数」ですがThis mays be ...のようにmayにsを付けてはいけません。また、否定文は、I can't [＝can not] go. (私は行けません)のように、助動詞の後にnotを置きます。疑問文はCan you come?のように、主語と助動詞を倒置させます。

助動詞can / may / shouldの意味を確認

基本の助動詞であるcan / may / shouldの意味をまとめて確認しましょう。

can「〜できる」「〜してもよい」
Dave can sing pretty well.（デイブはとてもうまく歌えます） You can smoke here.（ここでタバコを吸ってもいいですよ） ＊その場所の所有者が許可するなどの外的な理由で「吸ってもよい」
may「〜かもしれない」「〜してもよい」
It may snow tonight.（今夜は雪が降るかもしれません） You may go out tonight.（今夜は外出してもいいですよ） ＊私が許可するので「外出してもよい」というニュアンス
should「〜するべきだ」「〜はずだ」
You should go to bed now.（もう寝たほうがいいですよ） This should be okay.（これで大丈夫なはずです）

This is even more serious than I thought!
思ったより深刻です！

　We're going to have a really busy week, so I need everyone to really focus. The deadline for this project is 6:30 on the 19th, so we **can't** make any mistakes or be even a minute late. I've made a schedule that shows exactly what needs to be done and by when. We need to follow this schedule, and we **can't** be late no matter what happens. I know we **can** do it! If a problem comes up, you **should** let me know right away. I **can** be reached 24 hours a day. This **may** be our most important project ever.

　If we do our best and work together, we **should** be able to get this done. The future of the company is in your hands. I'm expecting everyone to come early and stay late. Sally, maybe you **should** talk to the HR department and tell them to give us as much support as we need. George, I want you to make sure all our suppliers know about the schedule. Tell them that if they make even one mistake, we're going to stop doing business with them.

　What!? The deadline isn't the 19th? It's the 16th!? You've got to be joking! This is even more serious than I thought!

サンドイッチ文 意味のまとまりで区切って考えよう

- We're going to have a really busy week,
  私たちはとても忙しい週を迎えることになります
  so I need everyone to really focus.
  だから皆さんにはよく集中してほしいのです
- The deadline for this project
  このプロジェクトの締め切りは
  is 6:30 on the 19th,
  19日の6時30分です
  so we can't make any mistakes
  だから私たちはミスを犯せません
  or be even a minute late.
  1分遅れることさえも（できません）
- I've made a schedule
  予定表をつくりました
  that shows exactly
  それははっきりと示しています
  what needs to be done
  何を終えなければならないかを
  and by when.
  そしていつまでにかを

MEMO

▶ We need to follow this schedule,
私たちはこの予定表に従わなければなりません

and we can't be late
遅れることはできません

no matter what happens.[1]
何があっても

▶ I know
私はわかっています

we can do it!
私たちはできると

▶ If a problem comes up,
もし問題が発生したら

you should let me know
私に知らせてください

right away.
すぐに

▶ I can be reached
私はいつでも連絡が取れます

24 hours a day.
1日24時間

▶ This may be
これはなるかもしれません

our most important project ever.
私たちにとってこれまでで最も重要なプロジェクトに

▶ If we do our best
私たちがベストを尽くせば

and work together,
協力して

we should be able to get this done.
これを完了することができるはずです

▶ The future of the company
会社の未来は

is in your hands.
皆さんの手の中にあります

▶ I'm expecting everyone
私は皆さんに期待しています

to come early
早く来ることを

and stay late.
遅くまでいることを

▶ Sally, maybe you should talk to the HR department
サリー、あなたは人事部にかけあってください

and tell them to give us
そして彼らに私たちに与えるように頼んでください

as much support as we need.[*2]
必要なサポートをできる限り

▶ George, I want you to make sure
ジョージ、あなたは確認してください

all our suppliers know about the schedule.
すべての業者がこのスケジュールを把握していることを

▶ Tell them
彼らに伝えてください

that if they make even one mistake,
もしひとつでも間違いを犯したら

we're going to stop doing business with them.
彼らとの取引を打ち切るつもりですと

▶ What!?
何ですって

▶ The deadline isn't the 19th?
締め切りは19日じゃないんですか

▸ It's the 16th!?
　16日ですか

▸ You've got to be joking!
　冗談でしょう

▸ <u>This is even more serious</u>
　これはさらに深刻な事態です

<u>than I thought!</u>*3
　私が思っていたよりも

Keywords キーワード

deadline 締め切り	**24 hours a day** 1日中、24時間
exactly 確かに	**do one's best** ベストを尽くす
come up （問題などが）生じる	**do business with ...** ……とビジネスをする

Points ポイント

*1（P.105）
... we can't be late no matter what happens.
we can't be late（遅れるわけにはいかない）が、no matter what happens（例え何が起きようとも）を強調しています。whatever happensとも言い換えが可能です。

*2（P.106, 107）
Sally, maybe you should talk to the HR department and tell them to give us as much support as we need.
as much as ...は「……するだけの量」なので、as much support as we needは「私たちが必要とするだけの（多くの）サポート」という意味に。このsupportは数えられない名詞なので量を表す形容詞はmuchですが、数えられる名詞の場合はmanyとなります。

*3（P.108）
This is even more serious than I thought!
seriousの比較級はmore seriousです。seriouserとは言わないので注意しましょう。more serious than I thoughtで、「私が思っていたより深刻な」という意味です。

日本語訳　文章全体としての訳し方を確認しよう

　今週はとても忙しくなるから、皆さんには本当に集中してほしいんです。このプロジェクトの締め切りは19日の6時半なので、間違いは許されないし、1分も遅れてはなりません。だから、いつまでに何をしないといけないのかをわかりやすく示した予定表をつくりました。このスケジュールに沿って、何があっても遅れないようにしなければなりません。私たちなら絶対にできます！　もし何か問題が発生したら、すぐに私に知らせてください。24時間受け付けます。これは私たちにとってこれまでで最も重要なプロジェクトになるかもしれません。

　協力して頑張れば、やり遂げられるはずです。会社の未来はあなた方にかかっています。皆さんには早く（会社に）来て、遅くまでやってほしいと思っています。サリー、あなたは人事部にかけあって、必要に応じて私たちができる限りのサポートを受けられるようにお願いしてください。ジョージ、あなたはすべての業者にこのスケジュールを周知させてください。彼らにひとつでもミスを犯したら、取引は打ち切ると伝えてください。

　何ですって!?　締め切りは19日じゃないのですか？　16日!?　冗談でしょう！　これは思っていたよりも深刻な事態です！

Unit 12 助動詞2

ここでは、3つの助動詞shall / could / wouldに注目します。とてもよく使われる助動詞なので、たくさんの英文に触れ、よく使う「決まり文句」は覚えてしまいましょう。

キーセンテンス

What shall we do first?
最初に何をしましょうか？

文法解説

shallは、中学校ではShall I ～?（私が～しましょうか？）などの疑問文での用法を習います。キーセンテンスのWhat shall we do?も「何をしましょうか？」という疑問を表しています。couldやwouldは、本来はIt would be ～ if ...（もし……なら～でしょう）やI could ～ if ...（もし……なら～できるのに）のように「仮定法」で使う助動詞ですが、会話では主に「丁寧な言い方」をするときに用いる助動詞だと覚えてもOKです。

shall / could / wouldを使った必須慣用表現

ネイティブが会話の中で助動詞をどう活用しているか確認しましょう。

Shall we ～?「～しませんか?」(≒Let's ～)
Shall we go to the park?(公園に行きませんか?)
Could you ～?「～してもらえませんか?」
Could you do me a favor?(ひとつお願いしてもいいですか?)
(Maybe) You could ～.「～してもいいのでは?」
Maybe you could e-mail her about the news. (そのニュースについて、彼女にメールで教えてあげてもいいかもしれませんよ)

Could you help me?
手伝ってくれる？

Henry, **could** you help me move around the furniture in my apartment? I'm sure, with your help, it **would** only take a few hours. I'm not very good at this, so it **would** be really great if you **could** help me.

Okay, what **shall** we do first? Let's start with the living room. Maybe we **could** move the sofa over by the door, so I can sit on it and look out the window. And when you're finished moving the sofa, **could** you put this table in front of it? I think it **would** be really nice to hang these pictures above the sofa.

You're looking a little hungry, so why don't you move all those books to that bookshelf, and I'll go get something for our lunch. While I'm gone, **could** you start working on the kitchen? It **would** look nice to have the table on the other side of the room, and then maybe you **could** start taking off the old wallpaper?

I should be back within an hour, and then we can take a break. It **would** be best if we could finish everything by 5:00. I'm going to have a party tonight and maybe you **could** come—if you're not too tired.

サンドイッチ文 意味のまとまりで区切って考えよう

▶ **Henry, could you help me**
ヘンリー、手伝ってくれますか

move around the furniture
家具を動かすのを

in my apartment?
私のアパートの

▶ **I'm sure,**
私は確信しています

with your help,
あなたの助けがあれば

it would only take a few hours.
数時間ほどしかかからないでしょう

▶ **I'm not very good**
私は得意ではありません

at this,
こういうことが

so it would be really great
だからとてもいいのです

if you could help me.
もしあなたが手伝ってくれたら

MEMO

▶ **Okay, what shall we do first?**
じゃあ、何から始めましょうか

▶ **Let's start**
始めましょう

with the living room.
リビングルームから

▶ **Maybe we could move the sofa**
ソファを動かしましょうか

over by the door,
ドアのそばへ

so I can sit on it
そうすれば、そこに座れます

and look out the window.
そして窓の外を眺められます

▶ **And when you're finished**
それが終わったら

moving the sofa,
ソファを動かすことが

could you put this table
このテーブルを置いてください

in front of it?[*1]
ソファの前に

MEMO

▶ **I think**
私は思います

it would be really nice
すてきだろうと

to hang these pictures
これらの写真を飾れば

above the sofa.
ソファの上に

▶ **You're looking a little hungry,**
あなたは少しお腹がすいているように見えます

so why don't you move all those books
だから本を全部移動させたらどうでしょう

to that bookshelf,[*2]
その本棚に

and I'll go get something
私は買いに行って来ます

for our lunch.[*3]
私たちの昼食を

▶ **While I'm gone,**
私がいない間に

could you start
始めてください

working on the kitchen?
キッチンの作業を

▶ It would look nice
見た目がいいでしょう

to have the table
そのテーブルがあれば

on the other side of the room,
部屋の反対側に

and then maybe you could start
そこから始めましょうか

taking off the old wallpaper?
壁紙をはがすことを

▶ I should be back
私は戻るはずです

within an hour,
1時間以内に

and then we can take a break.
そうしたら、休憩を取ることができます

▶ It would be best
一番いいでしょう

if we could finish everything
もしすべてを終えることができたら

by 5:00.
5時までに

▶ **I'm going to have a party tonight**
私は今夜パーティーを開くつもりです

and maybe you could come
あなたも来たらどうですか

— if you're not too tired.
もしあなたがあまりに疲れていなかったら

Keywords キーワード

furniture	家具	**hang**	つるす
apartment	アパート	**bookshelf**	本棚
be good at ...	……が得意な	**gone**	（人が）いなくなった
look out	眺める	**take off**	はがす、取り除く

Points ポイント

*1（P.113）
... could you put this table in front of it?

putは（置く）という意味で、必ず「どこに置くのか」を示す表現が後に続きます。この場合はin front of ...（……の前に）がそれに当たります。

*2（P.114）
... why don't you move all those books to that bookshelf, ...

Why don't you ...? の直訳は「なぜ……しないの?」ですが、「……したらどう?」という「軽い提案」のニュアンスで使われるカジュアルな言い回しです。また、Why don't we ...? なら「……しませんか?」「しましょう」と誘うときの表現です。

*3（P.114）
... I'll go get something for our lunch.

go getは、正しくはgo and get、あるいはgo to get。会話ではくだけたgo getをよく使います。come and see または come to see も、come seeと言います。

日本語訳　文章全体としての訳し方を確認しよう

　ヘンリー、私のアパートの模様替えを手伝ってくれない?　あなたの助けがあれば、数時間くらいで終わると思う。私は得意じゃないから、手伝ってくれるとすごく助かるな。
　それじゃあ、何から始める?　リビングルームから始めようか。ソファをドアのそばに移動させよう、そうすれば座って窓の外を眺められるから。ソファが終わったら、その前にテーブルを置いてもらえる?　ソファの上にこれらの写真を飾るとすごくすてきだと思う。
　あなた少しお腹がすいているみたい、じゃあ、あそこの本を全部そこの本棚にしまってくれない?　私は昼食を買ってくる。私が外出している間、キッチンのほうも始めておいてくれる?　テーブルを部屋の反対側に移動させたらすてきだよね、その後は古い壁紙をはがしてもらえる?
　1時間以内には戻るから、そしたら休憩にしよう。5時までにすべて終えられると最高。今夜パーティーをするの。あなたも来ない?――もし余力があれば。

Unit 13

現在進行形

現在進行形とは、その名が示す通り「現在、動作をしている途中である」という場合に使う表現。
〈主語＋be動詞＋動詞のing形〉が進行形のパターンです。

キーセンテンス

I'm saving money for this trip.
私はこの旅行のためにお金をためています。

文法解説

現在進行形は「今〜しつつある」「今まさに〜している」という意味を表す文型。be動詞は主語に合わせてam / is / areを使い分けましょう。キーセンテンスのI'm saving money for this trip. は「私は今、この旅行のためにお金をためつつある」という意味。本文中の… tonight we're having another meeting.（今夜もう一度打ち合わせをする予定だ）のように、現在進行形は「ごく近い未来の予定」を表す際にも使うことができます。

動詞のing形のつくり方
動詞をing形に変える場合、以下のようなルールがあります。
多くの場合は「そのままingをつける」だけでOKです。

ほとんどの動詞は「そのままingをつける」だけでOK
sing（歌う）→singing　play（遊ぶ）→playing　watch（見る）→watching　など
語尾がeで終わる動詞は、eを省略してingをつける
make（つくる）→making　have（もつ）→having　use（使う）→using　など
「短母音+子音字」で終わる動詞は、子音字を重ねてingをつける
run（走る）→running　swim（泳ぐ）→swimming　let（させる）→letting　など

> 通しの英文　実際の文章で確認しよう

I hope traveling is as fun as talking!
旅行がおしゃべりとおなじくらい楽しいものになりますように！

　One of my favorite things to do is travel, and so my friends and I **are planning** on going on a trip to Europe in summer. We**'re thinking** of going to France, Italy, Spain, and Portugal. We still have a lot of time to get ready, so we**'re talking** a lot about what to do.

　Last week, we had a planning meeting at a French restaurant, and tonight we**'re having** another meeting at an Italian restaurant. Now I**'m making** a site where we can record our plans. After we come back, we're going to share all our photos on the site.

　One of my friends has a cousin who lives in Spain. She**'s letting** us stay with her, but in France, Italy and Portugal, we're going to stay at hotels. I**'m looking** on the Internet for hotels that are nice but not too expensive. I**'m saving** money for this trip, but I don't want to spend a lot. A book I**'m reading** said that Europe is expensive in summer. But I love to eat, so I**'m making** a list of all the food I want to try.

　I can't wait to see my friends tonight. I hope traveling is as fun as talking about traveling!

| サンドイッチ文 | 意味のまとまりで区切って考えよう

Disc1 トラック25

▶ **One of my favorite things to do**
私の好きなことのひとつは

is travel,
旅行です

and so my friends and I are planning on
だから友達と計画を立てています

going on a trip
旅行に行く

to Europe in summer.
夏にヨーロッパへ

▶ **We're thinking of going**
私たちは行こうと考えています

to France, Italy, Spain, and Portugal.
フランス、イタリア、スペイン、そしてポルトガルに

▶ **We still have a lot of time to get ready,**
まだたくさん準備期間はあります

so <u>we're talking a lot</u>
だから私たちはたくさん話をしています

MEMO

about what to do.*¹
やるべきことについて

▶ **Last week,**
先週

we had a planning meeting
私たちは企画会議を開きました

at a French restaurant,
フランス料理店で

and tonight
今夜も

we're having another meeting
また別のミーティングを開く予定です

at an Italian restaurant.
イタリアンレストランで

▶ **Now I'm making a site**
今、ウェブサイトをつくろうとしています

where we can record our plans.
私たちの計画を記録する場所として

▶ **After we come back,**
（旅行から）戻ったら

we're going to share all our photos

写真を全部シェアするつもりです

on the site.

ウェブサイトで

▶ One of my friends has a cousin

友達のひとりにいとこがいます

who lives in Spain.*2

その人はスペインに住んでいます

▶ She's letting us stay with her,

彼女が私たちを泊めてくれる予定です

but in France, Italy and Portugal,

でもフランス、イタリア、ポルトガルでは

we're going to stay at hotels.

ホテルに泊まるつもりです

▶ I'm looking on the Internet

私はインターネットで探しています

for hotels that are nice

but not too expensive.

すてきで、しかも値段が高すぎないホテルを

> I'm saving money for this trip,
私はこの旅行のためにお金をためています

but I don't want to spend a lot.
でもたくさん使いたくはありません

> A book I'm reading said
私が読んだ本に書いてありました

that Europe is expensive in summer.
夏のヨーロッパは高くつくと

> But I love to eat,
でも私は食べるのが大好きです

so I'm making a list
だからリストをつくっています

of all the food
すべての食べ物の

I want to try.
私が食べてみたい

> I can't wait
待ちきれません

to see my friends tonight.[*3]
今夜友達と会うのが

▶ **I hope**

私は願っています

traveling is as fun as talking about traveling!

旅行が旅行についてのおしゃべりと同じくらい楽しいものになることを

MEMO

Keywords キーワード

go on a trip	旅行へ行く	**record**	記録する
get ready	準備する	**cousin**	いとこ

Points ポイント

*1（P.120, 121）
... we're talking a lot about what to do.

疑問詞（what）と不定詞（to do）の組み合わせであるwhat to doは「何をすべきか」という意味を表します。同様に、when to leaveなら「いつ出発すべきか」、where to goなら「どこへ行くべきか」という意味になります。

*2（P.122）
One of my friends has a cousin who lives in Spain.

who lives in Spainが先行詞a cousinを修飾する関係代名詞節です。a cousinが三人称単数なので動詞liveはlivesとなります。このwhoは省略できません。

*3（P.123）
I can't wait to see my friends tonight.

can't wait to ... は「……することを待てない」「待ちきれない」、つまり「楽しみである」という意味を表します。look forward to ...ingやbe looking forward to ...ingなどとほぼ同じ意味ですが、こちらのほうがよりくだけた言い方です。

日本語訳　文章全体としての訳し方を確認しよう

　私は好きなことのひとつが旅行なので、友達と一緒に夏にヨーロッパ旅行に行く計画を立てています。フランス、イタリア、スペイン、ポルトガルに行こうと思っています。準備のための時間はまだたっぷりあるので、私たちは何をしようかといろいろと話しているところです。

　先週、私たちはフランス料理店で計画の打合せをして、今夜はイタリアンレストランで打合せをする予定です。今は、私たちの計画を記録するウェブサイトをつくっています。（旅行から）戻ったら、そのページでお互いの写真をすべてシェアするつもりです。

　友達のひとりは、スペイン在住のいとこがいます。その方の家に滞在させてもらうのですが、フランス、イタリア、ポルトガルではホテルに泊まる予定です。ネットですてきでしかも高すぎないホテルを探しています。この旅行のためにお金をためてはいますが、散財したくはありません。今読んでる本には、夏のヨーロッパは高くつくと書いてありました。でも、食べるのが大好きなので、食べてみたい物のリストをつくっています。

　今夜友達に会うのがとても楽しみです。実際の旅行が、旅行についてのおしゃべりと同じくらい楽しいものになればいいな！

Unit 14

過去進行形

過去進行形とは、進行形のbe動詞を過去形wasまたはwereにしたもの。過去のある一時点において進行中の動作を示すために用いる文型です。

キーセンテンス

My friend and I <u>were making</u> dinner.
私の友達と私は、夕食をつくっていました。

文法解説

過去進行形は〈主語＋was/were＋動詞のing形〉にするのがきまりで、今現在までは続いていないけれども、過去の「あるとき」に「継続してやっていた」動作を表す表現です。ここでは、主語がMy friend and Iという「複数の名詞」なのでbe動詞はwereとなります。過去進行形を用いる場合はyesterday「昨日」やthen「そのとき」など、過去のある一時点を指す副詞表現を一緒に使います。

進行形にできない動詞

「状態動詞」と呼ばれる動詞は、それ自体に「〜している」という意味が含まれているので、通常は進行形にすることができません。

心理状態などを表す動詞
know（知っている）、like（好む）、believe（信じる）、think（思う）、understand（理解している）など
「知覚」に関する動詞
see（見える）、feel（感じる）、hear（聞こえる）
「状態」や「関係」を示す動詞
have（持っている）、resemble（似ている）、contain（含んでいる）、belong to（〜に所属している）など

I had a great day!
素晴らしい一日でした！

Yesterday, I didn't have to go to work, so I wanted to make sure I had a good day. I made a list of everything I wanted to do.

In the morning, I was going to go for a walk in the park, but when I woke up, it **was raining**. I didn't want to change my plans, so I decided to go anyway. When I **was walking**, the strong wind blew my umbrella out of my hand. A really good-looking man saw this and shared his umbrella with me. Then he invited me to go with him to a cafe near the park. We **were having** a great time talking when a friend called me.

She was in trouble. Her roof **was leaking**, and she didn't know what to do. I told my new friend about this, and he said, "Actually, I work for a company that builds houses, so maybe I can fix it."

We went to her house, and he fixed it in a few hours. While he **was working**, my friend and I **were making** dinner.

When he **was walking** me home, he asked if I **was dating** anyone. So although nothing went smoothly, I had a great day!

サンドイッチ文 意味のまとまりで区切って考えよう

▶ **Yesterday,**
昨日

I didn't have to go to work,
私は仕事にいく必要がありませんでした

so I wanted to make sure
だから絶対にしたかったのです

I had a good day.
いい一日に

▶ **I made a list**
リストをつくりました

of everything I wanted to do.
やりたいことすべての

▶ **In the morning,**
朝に

I was going to go for a walk
散歩に行くつもりでした

in the park, *¹
公園に

but when I woke up,
でも目覚めると

MEMO

it was raining.
雨が降っていました

▶ I didn't want to change my plans,
予定を変えたくありませんでした

so I decided to go anyway.
だから私はとにかく行くことに決めました

▶ When I was walking,
歩いていると

the strong wind blew my umbrella
強い風が傘を吹き飛ばしました

out of my hand.
私の手から

▶ A really good-looking man saw this
とてもかっこいい男性がそれを見ていました

and shared his umbrella with me.
そして私を傘に入れてくれました

▶ Then he invited me to go with him
そして彼は私に一緒に行くように誘いました

to a cafe near the park.
公園近くのカフェへ

▶ **We were having a great time talking**
私たちはおしゃべりをして楽しい時間を過ごしていました

when a friend called me.[*2]
友達が私に電話をかけてきたとき

▶ **She was in trouble.**
彼女は困っていました

▶ **Her roof was leaking,**
彼女の（家の）屋根が雨漏りをしていました

and she didn't know
彼女はわかりませんでした

what to do.
どうすればよいか

▶ **I told my new friend about this,**
私は新しい友達にこのことを話しました

and he said,
すると彼は言いました

"Actually,
「実は

I work for a company that builds houses,
家を建設する会社で働いているんです

so maybe I can fix it."

だから直せるかもしれない」と

▶ We went to her house,

私たちは彼女の家へ行きました

and he fixed it in a few hours.

彼は2、3時間でそれを修理しました

▶ While he was working,

彼が働いている間に

my friend and I were making dinner.

友達と私は夕食をつくっていました

▶ When he was walking me home,

彼が歩いて私を家まで送ってくれているとき

he asked

彼が尋ねました

if I was dating anyone.

私が誰かと付き合っているかどうかを

▶ So although nothing went smoothly,

何もうまくいかなかったけれど

I had a great day!*3

素晴らしい一日でした

Keywords キーワード

make sure 確認する、確実に〜する

go for a walk 散歩する

roof 屋根

smoothly スムーズに

Points ポイント

*1（P.128）
… I was going to go for a walk in the park, …

be going to ... は主に「前々から予定している」ことを表すフレーズですが、このように過去形の場合は「……する予定であった（でも実際はしなかった）」の意味になります。

*2（P.130）
We were having a great time talking when a friend called me.

have a great time ...ingは「…をして楽しむ」の意味。when a friend called me（友達が私に電話をかけてきたとき）という過去のある時点で「私はおしゃべりを楽しんでいた」ことを表す過去進行形の文になっています。

*3（P.131）
So although nothing went smoothly, I had a great day!

althoughは「〜にもかかわらず」「ではあるが」という意味の接続詞です。althoughの後にはそれを覆すような内容が来ると「先読み」できるキーフレーズとして覚えましょう。会話では同義のthoughもよく使われます。

日本語訳 文章全体としての訳し方を確認しよう

　昨日、私は仕事に行かなくてよかったので、絶対にいい一日にしたいと思っていました。（そこで）やりたいことリストをつくりました。

　朝、公園へ散歩に行くつもりだったのですが、目を覚ますと、雨が降っていました。計画を変更したくはなかったので、それでも行くことにしました。歩いていると、強い風が吹いて、私の手から傘を吹き飛ばしました。この様子を見ていたとてもかっこいい男性が、自分の傘に私を入れてくれました。そして、彼は公園近くのカフェに私を誘いました。友達がわたしに電話をかけてきたとき、私たちはおしゃべりを楽しんでいたところでした。

　彼女は困っていました。彼女の家の屋根が雨漏りしていて、彼女はどうしたらよいかわからなかったのです。新しい友達にこのことを話すと、彼は「実は、家を建てる会社に勤めているから、僕が直せるかもしれないよ」と言ったのです。

　私たちは彼女の家へ行き、彼は数時間で修理しました。彼が仕事をしている間、友達と私は夕食をつくりました。

　彼が私を家に送っているときに、彼は私に付き合っている人がいるのかと尋ねました。だから、何も思ったようにいかなかったけど、素晴らしい一日でした！

Unit 15

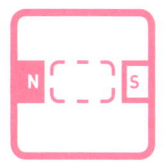

接続詞

接続詞とは、「あるものと別のものをつなぐ」言葉。
文と文とを結びつけたり、同一文中で「語」「句」「節」を、
たがいに結びつけるために使われます。

キーセンテンス

I'm just about done, but something doesn't look right.
ほぼ完成しましたが、何かが変です。

文法解説

butが「ほぼ完成」と「何かが変」という2つの文章を結びつけているように、and、so、butは「文と文」「句と句」「語と語」を対等の関係で結びつける接続詞です。ほかにもメインの文章に「理由」や「時」などの情報を付与する接続詞if、because、whenがあります。

代表的な接続詞

等位接続詞

- **and**(そして／〜と)
  He ordered some cheese and a bottle of red wine.
  (彼はチーズと、赤ワインのボトルを注文しました)
- **but**(しかし)
  She speaks French, but she doesn't speak Italian.
  (彼女はフランス語を話しますが、イタリア語は話しません)
- **or**(または)
  Do you like tea or coffee?(紅茶とコーヒーでは、どちらがいいですか?)

従位接続詞

- **that**(〜という)
  He says that he's a high school student.(彼は、自分は高校生だと言う)
  *名詞節を導く従位接続詞thatの働きにより、that以下すべてが名詞としてsaysの目的語になっています。
- **when**(〜とき)
  It started to rain when she came home.(彼女が家に着くと、雨が降り始めた)
- **if**(もし〜なら)
  If you go, I'll go.(あなたが行くなら、私も行きます)

I don't need to read them
私は読みません

　I got a really good deal on this bookshelf, **but** the only problem is that I have to put it together all by myself. It comes with some instructions, **but because** this is just a simple bookshelf, I don't need to read them. **When** I finish this, it's going to look great!

　I'll take everything out **of** the box, **and** then I'll be able to figure it out. Okay, first I'm going to put these two boards together. They're not holding, **so** I'll just nail them together. Now I need to put on the legs like this. This board goes on the front, **and** that board goes on the back, I think. I don't know what these screws are for, **so** I'll throw them away.

　Now what about this long board? **If** I cut the end of it off, it'll fit just perfectly. These two boards are supposed to connect, **but** they don't fit at all. If I push them together really hard, it might work.

　Okay, I'm just about done, **but** something doesn't look right. I don't know how I'm supposed to put these books on this bookshelf! It looks like a Picasso painting. Now where are the instructions?

サンドイッチ文 意味のまとまりで区切って考えよう

▶ **I got a really good deal**
私はとても安く手に入れました

on this bookshelf,
この本棚を

but the only problem is
でも唯一の問題は

that I have to put it together
組み立てなければならないことです

all by myself.[*1]
全部自分で

▶ **It comes with some instructions,**
説明書が付いています

but because this is just a simple bookshelf,
でもとてもシンプルな本棚なので

I don't need to read them.
説明書を読む必要はありません

▶ **When I finish this,**
組み立てが終われば

it's going to look great!

素晴らしいものができるでしょう

▶ I'll take everything

全部取り出しましょう

out of the box,

箱から

and then <u>I'll be able to figure it out.</u>*2

そうすれば、わかります

▶ Okay, first I'm going to put these two boards together.

まず、この2つの板をつなげましょう

▶ They're not holding,

これらは固定されていません

so I'll just nail them together.

だからとりあえず釘を打ってつなげましょう

▶ Now I need to put on the legs

次に脚を取り付ける必要があります

like this.

こんなふうに

▸ **This board goes on the front,**
この板は前に来ます

and that board goes on the back,
こっちの板は後ろに来ます

I think.
そう思います

▸ **I don't know**
私はわかりません

what these screws are for,
これらのネジが何のためにあるのかが

so I'll throw them away.
だから捨ててしまいましょう

▸ **Now what about this long board?**
では、この長い板は何でしょうか

▸ **If I cut the end of it off,**
端を切ってしまえば

it'll fit just perfectly.
完ぺきに合います

▸ **These two boards are supposed to connect,**
これら2枚の板はつながっていなければなりません

but they don't fit at all.
でも全然合いません

▶ If I push them together really hard,
強い力で押し込めば

it might work.
うまくいくかもしれません

▶ Okay, I'm just about done,
よし、もうすぐ終わります

but something doesn't look right.
でも何かおかしいようです

▶ I don't know
私はわかりません

how I'm supposed to put these books
どうこれらの本を置けばいいのか

on this bookshelf!*3
この本棚に

▶ It looks like a Picasso painting.
ピカソの絵のようです

▶ Now where are the instructions?
さて、説明書はどこにいったのかしら

Keywords キーワード

bookshelf 本棚	**nail** 釘で打ち付ける
put ... together ……を組み立てる	**screw** ネジ
instruction 説明書、指示書	**perfectly** 完ぺきに

Points ポイント

*1（P.135）
... the only problem is that I have to put it together all by myself.
be動詞はイコールの働きをするので「the only problem（主語）=that以下」の関係に。「全部自分で組み立てなければいけない」ことが「唯一の問題」であるということです。

*2（P.136）
... I'll be able to figure it out.
be able toとcanはいずれも「可能」を表します。助動詞の後ろは必ず「動詞の原形」ではないといけないため、この場合は、助動詞willとcanを一緒に使えないのでcanではなくbe able toを使い、will be able toとしています。

*3（P.138）
I don't know how I'm supposed to put these books on this bookshelf!
このbe supposed to ...は、「（期待に沿うために）……するはずである」「…することになっている」という意味。文全体としては「きちんと本を本棚に収める（という期待に沿うため）にはどうすればいいのかわからない」が直訳になります。

日本語訳 文章全体としての訳し方を確認しよう

　この本棚をすごく安く手に入れたんだけど、ひとつだけ問題があって、それは全部自分ひとりで組み立てなくちゃいけないことなの。説明書は付いてくるんだけど、シンプルな本棚だから、読む必要はないよね。組み立てが終われば、すてきな本棚の出来上がり！

　箱の中のものを全部取り出せば、組み立て方がわかるはず。よし、まず2枚の板を合わせよう。固定されていないから、とにかく釘で固定してしまおう。それで、こんなふうに脚を取り付けないと。この板は前、あっちの板が後ろにくるんだろうな、おそらく。これらのネジは何のためにあるのかわからないから、捨ててしまおう。

　さて、この長い板はどうすればいいのかな？　端を切ってしまえば、完ぺきにはまるなあ。この2枚の板はつながっていなければおかしいのに、全然合わないじゃない。強い力で押し込めば、はまるかもしれない。

　よし、もうほとんど完成、だけど何かがおかしいわ。これじゃ本の置きようがないじゃない！　まるでピカソの絵みたい。さて説明書はどこにいったんだろう？

Unit 16

前置詞

前置詞とは「名詞の前に置かれる言葉」です。to、for、in、at、beforeなどの前置詞と名詞がセットになった「前置詞句」をマスターして表現の幅を広げましょう。

キーセンテンス

They're coming <u>in</u> just a few minutes.
彼らは、あと数分のうちにやってきます。

文法解説

in just a few minutes.（あと数分のうちに）は、動詞comingを修飾し「いつくるのか」を具体的に示している「前置詞句」。また、本文の最後の文everything in the bedroomは、in the bedroom（寝室の中へ）が直前の代名詞everything（すべて）を修飾しています。このように、文章を形容詞や副詞のように変身させ、直前の語や文章が修飾できる「前置詞句」を覚えると、より豊かな表現ができるようになります。

前置詞の「イメージ」

「場所」を表す前置詞in / on / atの、それぞれのイメージを確認しましょう。同時に使う場合はShe lives <u>on the 6th floor in this building</u>.（彼女はこのビルの6階に住んでいます）のように、細かい場所→大きい場所という順にします。

inのイメージ：「ある空間の中にいる」
「建物の中」など、ある程度の広さを持った場所を指す時に使います。
She was in New York last month.（彼女は先月、ニューヨークにいました）

onのイメージ：「接している」
aboveとは異なり、「対象とくっついている」という意味を表します。
There's a pen on the desk.（机の上に1本のペンがあります）

atのイメージ：「ピンポイント」で「場所」を指す
inは「空間」、onは「面」なのに対し、atは「点」を表します。
I saw John at the supermarket.（スーパーでジョンに会いました）
＊ atの場合「建物」ではなく「地図上の一点」のイメージ。この場合はinでも可。

I want to surprise them
彼らを驚かせたいんです

I have to clean up my house **before** my parents get here **at** 3:00. I've been living **on** my own **for** a few months, and this is their first visit. They think my place is going to be really dirty, but I want to surprise them when they walk in.

First, I'm going to move all these plates **from** the sink **to** a box and put it **under** my bed. Then I'll pick up my clothes and hang them **in** the closet. I probably don't have enough closet space, so I'll put the rest **behind** the sofa or throw them away. I have a lot of newspapers, but I can put them **in** a box and put the box **under** the bed.

I haven't made my bed **in** a week, and there are books all **over** the place. I'll just put all my books **on** my bed and put the blankets **over** them to hide everything. And I mustn't forget to clean up the bathroom either.

Well, I better get started because they're going to get here **within**...a few minutes! Oh, no! They're coming **in** just a few minutes. I guess I'll just throw everything **in** the bedroom and lock the door!

サンドイッチ文 意味のまとまりで区切って考えよう

▶ **I have to clean up my house**
私は自分の家の掃除をしなければなりません

before my parents get here
両親がここに到着する前に

at 3:00.
3時に

▶ **I've been living**
私はずっと暮らしています

on my own
ひとりで

for a few months,[*1]
数カ月間

and this is their first visit.
これは彼らにとって初めての訪問です

▶ **They think**
彼らは思っています

my place is going to be really dirty,
私の部屋がとても汚いであろうと

but I want to surprise them
しかし、私は彼らを驚かせたいのです

when they walk in.
彼らが入ってきたときに

MEMO

▶ First,
まず

I'm going to move all these plates
これらの皿をすべて動かすつもりです

from the sink to a box
流し台から箱へ

and put it
そして、それを置くつもりです

under my bed.
ベッドの下に

▶ Then I'll pick up my clothes
次に服を拾います

and hang them
そして、それらを吊します

in the closet.*2
クローゼットの中に

▶ I probably don't have enough closet space,
クローゼットのスペースはおそらく十分ではないでしょう

so I'll put the rest
だから、残りは置きます

behind the sofa

ソファの後ろに

or throw them away.

あるいは、捨ててしまいます

▶ **I have a lot of newspapers,**

私はたくさんの新聞を持っています

but I can put them

しかし、それらは置くことができます

in a box

箱の中に

and put the box

そしてその箱を置きます

under the bed.

ベッドの下に

▶ **I haven't made my bed**

私はベッドを整えていません

in a week,

1週間

and there are books

そして、本があります

all over the place.

あちらこちらに

MEMO

▶ I'll just put all my books

すべての本をとにかく置きます

on my bed

ベッドの上に

and put the blankets

そして、ブランケットをかけます

over them

本の上に

to hide everything.

すべてを隠すために

▶ And I mustn't forget

それから、忘れてはいけません

to clean up the bathroom either.

トイレを掃除することも

▶ Well, I better get started

よし、取りかかりましょう

because they're going to get here

なぜなら、両親はここに到着する予定なので

within...a few minutes!*3

数分……以内に

▶ **Oh, no!**

うそでしょう

▶ **They're coming**

両親はやって来ます

in just a few minutes.

ほんの数分後に

▶ **I guess**

こうしましょう

I'll just throw everything

すべてを投げましょう

in the bedroom

寝室の中へ

and lock the door!

そしてドアの鍵をかけましょう

Keywords キーワード

own 自分の	make a bed ベッドを整える（madeは過去形）
walk in 中に入る	either どちらかの *Unit16では英国英語のáɪðəで発音
rest 残り	

Points ポイント

*1（P.142）
I've been living on my own for a few months, ...

ある動作が「進行している」ことを表す現在進行形に対し、過去のある時点からの動作が「継続している」ことを表す現在完了進行形have/has been ...ing。過去から今まで継続して「住んでいる」ので現在完了進行形を使います。日本語の感覚で現在形にしないように注意。

*2（P.143）
Then I'll pick up my clothes and hang them in the closet.

直前の一文にあるFirst（まず）を受けて、このthenは「その次に」という順番を表しています。ネイティブはこの「順番を表す単語を文頭に置く」テクニックをよく使います。

*3（P.145）
... I better get started because they're going to get here within...a few minutes!

I betterはI had betterの口語バージョン。You had better ...は「……したほうがいい（さもないとまずいことが起きるよ）」という忠告や警告のニュアンスになります。アドバイス程度の場合はprobablyを用いてYou'd probably better ... とします。

日本語訳　文章全体としての訳し方を確認しよう

　3時に両親がやって来る前に家の掃除をしておかなくては。一人暮らしを始めて数カ月経つけど、両親が来るのはこれが初めて。私の部屋はさぞ汚かろうと両親は思っているでしょうから、入って来たときにびっくりさせてやりたいんです。

　まず、お皿を全部流し台から箱に移動させて、それをベッドの下に。それから洋服を拾ったらクローゼットの中に吊そう。たぶん、全部はクローゼットに入りきらないから、残りはソファの後ろに隠すか、捨ててしまおう。新聞紙がたくさんあるけど、これも箱に入れて箱ごとベッドの下へ。

　もう一週間ベッドを整えていないし、あちこちに本が散乱しているわ。とりあえず本はベッドの上に置いて、布団を上からかけて隠してしまおう。それからトイレ掃除も忘れないように。

　よし、そろそろ始めよう、だって二人はあと……数分以内に到着するじゃない！　うそ！　あと数分で来ちゃう！　仕方ない、全部寝室に突っ込んで鍵を閉めるしかないな！

Unit 17

副詞

副詞とは、動詞や形容詞、ほかの副詞を修飾する言葉。
名詞や動詞と違い、副詞がなくても文は成立しますが、
文章を彩り、豊かな表現を可能にしてくれます。

キーセンテンス

I really liked the house.
私はその家がとても好きでした。

文法解説

キーセンテンスのreallyは動詞likedを強調しています。このように形容詞、副詞、動詞の意味を強める副詞は、強調する単語の直前に置くというきまりがあります。ただし「時や場所を表す副詞」は文末に置き、hard（一生懸命に）やwell（上手に）など「様態を表す副詞」は動詞の後に置くことが基本です。always（いつも）などの「頻度を表す副詞」は一般動詞の場合は前に、be動詞の場合は後に置くので注意してください。

副詞の種類

時を表す副詞
now（今）、then（そのとき）、today（今日）、yesterday（昨日）、tomorrow（明日）など
様態を表す副詞
carefully（注意して）、hard（一生懸命に）、well（上手に）、slowly（ゆっくりと）など
頻度を表す副詞
always（いつも）、usually（たいてい）、sometimes（ときどき）など
場所を表す副詞
somewhere（どこかで）、there（そこで）、here（ここで）など
強調の副詞
very（とても）、so（とても）、too（〜すぎる）など

This is the best life for me
これが私にとって最良の人生です

　I used to live in the middle of the busy city near my office, but **then** I decided to move. I found a small house in the country. I knew it would be difficult to go all the way to work every day, but I **really** liked the house.

　The house was small, but there was a lot of land. There were beautiful flowers in the front yard, and the backyard had a big vegetable garden with some apple, peach and pear trees. I knew it was going to be **really** hard work, but it was my dream home, so I decided to buy it.

　For a year, I worked in the city and **also** worked in the garden in the evenings and on weekends. I liked my job, but I liked gardening even more. In the spring, I realized that I had **far** too many vegetables, fruit and flowers, so I decided to open up a little shop in front of my house. I couldn't believe all the business I got! Within a few weeks, I decided to quit my job and become a full-time gardener. The work is hard, but I think this is the best life for me.

サンドイッチ文 意味のまとまりで区切って考えよう

▸ **I used to live in the middle of the busy city**
私はにぎやかな町に住んでいました

near my office,
会社から近い

but then I decided to move.
でも私は引っ越すことにしました

▸ **I found a small house**
小さい家を見つけました

in the country.
田舎に

▸ **I knew**
私はわかっていました

<u>**it would be difficult to go all the way**</u>
はるばる行くのは大変だろうと

to work everyday,[*1]
毎日仕事に

but I really liked the house.
でもその家がとても気に入りました

▸ **The house was small,**
小さな家でした

but there was a lot of land.

でも土地は広かったのです

▶ There were beautiful flowers

きれいな花が咲いていました

in the front yard,

前庭に

and the backyard had a big vegetable garden

裏庭には広い菜園がありました

with some apple, peach and pear trees.*2

りんご、桃、梨の木のある

▶ I knew

私はわかっていました

it was going to be really hard work,

かなり大変な仕事になることを

but it was my dream home,

でもそれは私にとって夢の家でした

so I decided to buy it.

だから買うと決めました

▶ **For a year,**

1年間

I worked in the city

私は都会で働きました

and also worked in the garden

庭仕事もしました

in the evenings and on weekends.

夜や週末に

▶ **I liked my job,**

私は仕事が好きでした

but I liked gardening even more.

でも庭仕事のほうがもっと好きでした

▶ **In the spring,**

春に

I realized

私は気づきました

that I had far too many vegetables, fruit and flowers,[3]

野菜や果物、花をつくりすぎました

so I decided to open up a little shop

だから小さい店を開くことにしました

in front of my house.

家の前に

▶ I couldn't believe

私は信じられませんでした

all the business I got!

こんなにたくさんの仕事を得られるなんて

▶ Within a few weeks,

数週間で

I decided to quit my job

仕事をやめることにしました

and become a full-time gardener.

そしてフルタイムの園芸家になる（ことにしました）

▶ The work is hard,

仕事は大変です

but I think

でも私は思います

this is the best life for me.

これが私にとって最良の人生だと

Keywords キーワード

used to ... かつて……していた	pear 洋梨
yard 庭	quit やめる

Points ポイント

*1（P.150）
I knew it would be difficult to go all the way to work everyday, ...

英語には「時制の一致」というルールがあり、主節I knew ...の時制が過去の場合、その時点より未来のことを話していても、従節it would be ...の時制も過去になります。「太陽は西へ沈む」や「出身」など普遍的な事実には、この時制のルールは適用されません。

*2（P.151）
... the backyard had a big vegetable garden with some apple, peach and pear trees.

〈無生物＋have〉は「……を持っている」ではなく、「……があります」と言い換えましょう。The news surprised me.（そのニュースに驚きました）のように、驚きの原因や理由が人ではない場合も無生物主語で表現すると、文章が整理でき、理由を明確に表せます。

*3（P.152）
... I realized that I had far too many vegetables, fruit and flowers, ...

realize（気づく／悟る）は、必ず目的語をとる動詞です。例文の〈realize (that) 主語＋動詞 ...〉のほか、realize the mistakes（誤りに気づく）という表現もあります。

日本語訳　文章全体としての訳し方を確認しよう

　私は会社から近いにぎやかな町で生活していましたが、引っ越すことに決めました。田舎に小さな家を見つけたのです。毎日の職場までの道のりは大変になるでしょうけど、その家がすごく気に入ったのです。

　家は小さいですが、かなり広い土地がついていました。前庭には美しい花が咲いていて、裏庭にはりんごと桃と梨の木のある大きな菜園がありました。かなり大変だとわかってはいましたが、それは私にとって夢の家だったので、購入することを決めました。

　1年の間、私は都会で働いて、夜や週末には庭仕事をしました。仕事は好きでしたが、庭仕事のほうがもっと好きでした。春になって、野菜や果物、花をつくりすぎてしまったことがわかったので、家の前に小さなお店をオープンしました。こんなにたくさんの仕事を抱えるなんて信じられませんでした！　数週間のうちに、私は（会社の）仕事をやめ、フルタイムの園芸家になりました。仕事は大変ですが、これが私にとって最良の人生だと思います。

Unit 18

未来の表現

現在進行形が「ごく近い未来」を表すのに対し、be going toやwillは遠い未来や将来を表します。未来の表現は会話でもよく使うのでマスターして。

キーセンテンス

I'm not going to do that.
私はそうするつもりではありません。

文法解説

be going toは、「〜する予定だ」という意味。主に「以前から決まっていた予定」について述べる場合に使います。be動詞の文ですから、主語に応じてis / am / areを使い分けましょう。willも「〜しようと思う」「〜するつもりだ」という意味で、「その場で決めた予定・意思」について述べる表現です。「〜でしょう」という、「未来の予測」についても表現できます。will notは、won'tという短縮形にすることができます。

be going toとwillのニュアンスの違い

be going toとwillは、多くの場合「交換可能」ですが、以下に示すように、重要な違いがいくつかあります。

その場で決めた出来事に対してはwill

電話が鳴って「私が出ます」という場合:
○I'll get it.
×I'm going to get it.
*be going toでは、まるで「電話が鳴ることがわかっていた」かのような奇妙なニュアンスになってしまいます。

前から決まっていた出来事に対してはbe going to

Will you be free this Saturday?(今度の土曜日はひまですか?)と聞かれた場合:
○No, I'm going to see Ellis.
×No, I will see Ellis.
*「前から先約があって会えない」と言いたいのですから、be going toが適切。willだと、まるで「その場しのぎで」エリスに会うと決めたような印象に。

Are you going to go to the class reunion?
同窓会、行く？

My friend called me up last week and asked me if I **was going to** go to our high school reunion in May. I told her that I would probably have to work, so I didn't say yes or no. Actually, I don't want to go unless I lose some weight.

Now I have about three months to lose 20 kilos. First, I **will** join a gym. I know someone who joined a special kind of gym. They give you a coach that keeps a record of how you're doing every day. If you don't exercise or you eat too much, they get angry at you. You have to pay more money if you don't do everything they tell you, so I**'m not going to** do that.

I**'m going to** go to a gym near my house. They have a nice big sauna area with relaxing pools. I**'m going to** get a massage every day. It's more like a resort than a gym. The exercise area isn't very big, but I don't care. I**'m going to** spend so much money on the membership, that I **won't** have enough money for food. That's how I**'m going to** lose weight!

サンドイッチ文 意味のまとまりで区切って考えよう

Disc2 トラック07

▶ **My friend called me up**
友達から電話がありました

last week
先週

and asked me
私に尋ねました

if I was going to go
私が行く予定かどうかを

to our high school reunion
高校の同窓会へ

in May.
5月の

▶ **I told her**
私は彼女に伝えました

that I would probably have to work,
たぶん仕事があると

so I didn't say yes or no.
だからイエスともノーとも言いませんでした

MEMO

▶ **Actually,**

実は

I don't want to go

行きたくありません

unless I lose some weight. *1

少しやせない限り

▶ **Now I have about three months**

約3カ月あります

to lose 20 kilos.

20キロやせるために

▶ **First,**

まず

I will join a gym.

ジムに入会します

▶ **I know someone**

私はある人を知っています

who joined a special kind of gym. *2

その人は特別なタイプのジムに入会しました

▶ **They give you a coach**

ジムは会員にコーチをつけます

that keeps a record
コーチが記録をつけてくれます

of how you're doing every day.
毎日の進捗の

▶ If you don't exercise
運動しないと

or you eat too much,
あるいは、食べすぎると

they get angry at you.
あなたを怒ります

▶ You have to pay more money
あなたはもっとお金を払わなければなりません

if you don't do
もしあなたがやらなければ

everything they tell you,
彼らが言うことすべてを

so I'm not going to do that.
だから私はそれはやりません

▶ I'm going to go to a gym
私はジムに行くつもりです

near my house.
家の近くの

- **They have a nice big sauna area**
  そこには大きくていいサウナがあります

  with relaxing pools.
  リラックスできるプール付きの

- **I'm going to get a massage every day.**
  私は毎日マッサージを受けるつもりです

- **It's more like a resort**
  むしろリゾートです

  than a gym.
  ジムというより

- **The exercise area isn't very big,**
  エクササイズエリアはあまり大きくありません

  but I don't care.
  でも気にしません

- **I'm going to spend so much money**
  私はたくさんお金を使うつもりです

  on the membership,
  会費に

MEMO

that I won't have enough money

そうすれば十分なお金がなくなります

for food.

食べ物への

▸ <u>That's how I'm going to lose weight!</u>*³

それが私の体重を減らす方法です

Keywords キーワード

call (...) up ……に電話をかける	weight 体重
reunion 同窓会	massage マッサージ
unless 〜でない限り	spend ... on 〜 ……を〜に使う

Points ポイント

*1（P.158）
Actually, I don't want to go unless I lose some weight.

否定的な条件を表す接続詞unlessをif ... not（〜でないとしても）と言い換えないように注意。unlessは条件が強調されるのでexcept if ... not（もし〜しない限り）のニュアンスです。

*2（P.158）
I know someone who joined a special kind of gym.

人物に使う関係代名詞はwhoとthatがあります。この文のようにwhoを使う場合は特定した人物を指し、thatを使う場合はその人を定義する内容を指します。

*3（P.161）
That's how I'm going to lose weight!

That'sの後ろの先行詞the wayが省略された一文。先行詞が省略されることでhow以降の関係節が強調され、直訳の「これが私がやせる方法です」というより、話者が伝えたい「これこそが私がやろうとしている作戦です」というニュアンスになります。

日本語訳 文章全体としての訳し方を確認しよう

　先週友達から電話があって、5月にある高校の同窓会に行くかどうか尋ねられました。私は仕事があるかもしれないと伝え、行けるとも行けないとも答えませんでした。実は、少しやせてからでないと、行きたくないのです。

　20キロやせるために残された時間は約3カ月です。まずは、ジムに通おうと思います。知り合いの人は、特別なタイプのジムに入会しています。そこでは（専任の）コーチがいて、毎日の進捗を確認します。ちゃんと運動しなかったり、食べすぎたりすると、怒られます。言われたことをすべてやらないと追加料金を払わなければなりません、だから私はそういうジムに行くつもりはありません。

　私は家の近所のジムに通おうと思っています。大きくていい感じのサウナやリラックスできるプールがあります。毎日マッサージを受けようと思います。ジムよりリゾートといった雰囲気です。エクササイズエリアはそれほど大きくありませんが、いいんです。会員でいることはかなりお金がかかるので、食費にそれほどお金を使えなくなるでしょう。そう、それが私のやせるための作戦です！

Unit 19

動名詞

動詞のing形には、進行形（Unit 13, 14）以外に「動名詞」という役割があります。動詞が持つ意味を「名詞」として使えるようになる便利な表現です。

キーセンテンス

Eating all that food in the dark wasn't easy.
あれだけの量の食べ物を暗闇の中で食べるのは、簡単ではありませんでした。

文法解説

動名詞は「動詞のing形」ですが、現在進行形・過去進行形で使われる「現在分詞」とは異なり、「〜すること」という意味の「名詞」として機能します。キーセンテンスはEating all that food in the darkが「あれだけの量の食べ物を暗闇の中で食べること」という意味の動名詞句で、文全体の主語になっています。このように動名詞は、名詞や代名詞と同様、主語、補語、目的語として使えます。

動名詞を使った文の実例
文中における動名詞の、具体的な使い方を確認しましょう。

主語
Reading books is fun.（本を読むのは楽しい）
Speaking Japanese is not easy for her. （日本語を話すことは、彼女にとって簡単ではありません）

補語
My hobby is collecting stamps.（私の趣味は切手収集です）
His job is writing books.（彼の仕事は本を書くことです）

目的語
I enjoy swimming on weekends.（週末には、私は水泳を楽しみます）
They started singing the song loudly.（彼らは大きな声で、その歌を歌い始めました）

I hope the lights don't go out again, but ...
停電は二度とごめんだけど……

　Yesterday something really strange happened. I don't know why, but just after I got home from work, the lights suddenly went out. No one in our area of the city had electricity. When this happened, I was just starting to make dinner, but I couldn't cook without lights or electricity. **Getting** to sleep without **eating** anything would be difficult for me, so I didn't know what to do.

　Then my neighbor knocked on my door. She was getting ready to go to bed when everything went dark. She looked afraid, so I invited her to come in. I really enjoyed **talking** with her. **Having** candles for a time like this is really nice. I didn't know that she was such a nice and interesting person.

　Then another neighbor knocked on my door. She asked if we were okay and then invited us to her apartment. She had been planning to have a dinner party, but her friends couldn't come. **Eating** all that food in the dark wasn't easy, but it was a lot of fun, and it was delicious!

　I hope the lights don't go out again, but **meeting** all my neighbors was really wonderful.

サンドイッチ文 意味のまとまりで区切って考えよう

▶ Yesterday
昨日

something really strange happened.
とてもおかしなことが起こりました

▶ I don't know why,
私には理由はわかりません

but just after I got home from work,
でも仕事から家に帰ってすぐ

the lights suddenly went out.
明かりが突然消えました

▶ No one in our area of the city
町の中でも私たちのエリアは誰も

had electricity.[*1]
電気がありませんでした

▶ When this happened,
これが起こったとき

I was just starting to make dinner,
私はちょうど夕食をつくろうとしていたところでした

but I couldn't cook
でも料理ができませんでした

without lights or electricity.
明かりも電気もなくては

MEMO

▶ **Getting to sleep without eating anything**
何も食べないまま寝ることは

would be difficult for me,
私にとって難しいことです

so I didn't know
だからわかりませんでした

what to do.
どうすればよいのか

▶ **Then my neighbor knocked on my door.**
すると隣人が私の（部屋の）ドアをノックしました

▶ **She was getting ready to go to bed**
彼女は寝る支度をしているところでした

when everything went dark.
真っ暗になったとき

▶ **She looked afraid,**
彼女は怖がっていました

so I invited her to come in.
だから私は彼女を招き入れました

▶ **I really enjoyed**
私はとても楽しみました

talking with her.

彼女とのおしゃべりを

▶ Having candles for a time like this

こんなときにろうそくがあると

is really nice.

とてもいいです

▶ I didn't know

私は知りませんでした

that she was such a nice and interesting person.*2

彼女がこれほどすてきでおもしろい人だということを

▶ Then another neighbor knocked on my door.

するとまた別の隣人が私の（部屋の）ドアをノックしました

▶ She asked

彼女は尋ねました

if we were okay

私たちが無事かどうかを

and then invited us to her apartment.

そして私たちを彼女のアパートへ招いてくれました

▶ **She had been planning to have a dinner party,**
彼女はディナーパーティーを開く予定でした

but her friends couldn't come.[*3]
でも友達が来れなくなりました

▶ **Eating all that food in the dark**
暗闇で食べ物をいただくことは

wasn't easy,
容易ではありませんでした

but it was a lot of fun,
でもとても楽しかったです

and it was delicious!
それにおいしかったです

▶ **I hope**
私は願います

the lights don't go out again,
明かりが二度と消えないことを

but meeting all my neighbors
でも隣人たちと会うのは

was really wonderful.
とても素晴らしかったです

Keywords キーワード

suddenly 突然に	**knock** ノックする
electricity 電気	**go to bed** 寝る
neighbor 近所の人	**afraid** 怖がって

Points ポイント

*1（P.165）
No one in our area of the city had electricity.

no one（誰も〜ない）が主語になることで、否定文となる例です。had electricity（電気があった）を否定すると「誰も電気がなかった＝どこも停電だった」の意味になります。

*2（P.167）
I didn't know that she was such a nice and interesting person.

このsuchは、such a thing（そんなこと）などの代名詞ではなく、veryやsoのように程度を強調する形容詞です。nice and interestingを強調しています。

*3（P.168）
She had been planning to have a dinner party, but her friends couldn't come.

停電したのは過去ですが、それより前からディナーパーティーの準備をしていたので、ある時点以前にしていたことを表す過去完了進行形had been ...ingで表します。

日本語訳　文章全体としての訳し方を確認しよう

　昨日とてもおかしなことが起こりました。なぜかわからないのですが、仕事から帰宅後まもなくして、電気が突然消えたのです。この町の私が住んでいる地域はどこも停電していました。これが起きたとき、私は夕食をつくろうとしていたところでしたが、明かりや電気がないので料理ができませんでした。私にとって何も食べないまま眠ることは至難の業なので、どうすればいいのか途方に暮れました。

　すると、隣人が私の部屋にやって来ました。彼女は真っ暗になったとき、寝る支度をしているところでした。怖がっているようだったので、家に招き入れました。彼女と楽しくおしゃべりをしました。こんなときのためにロウソクを持っておくととても便利です。私は彼女がこんなにすてきでおもしろい人だったとは知りませんでした。

　その後、また別の隣人が私の部屋を訪ねてきました。彼女は私たちが無事かを確認すると、彼女の家に招き入れてくれました。彼女はディナーパーティーを開く予定だったのですが、友達が来られなかったそうです。暗闇の中で食事をするのは大変でしたが、とても楽しかったし、それにおいしかったです！

　明かりが二度と消えないことを祈りますが、隣人に会うのはとても素晴らしかったです。

Unit 20

不定詞

to不定詞とは〈to+動詞の原形〉のこと。動詞が持つ意味を名詞として使うことや、形容詞や副詞として使って、文章を修飾することができるようになります。

キーセンテンス

To get from my house to my office takes over an hour.
家から会社まで行くのに、1時間以上かかります。

文法解説

動詞の原形の前にtoがつくと、名詞、副詞、形容詞などの役割を果たせるようになります。キーセンテンスではTo getがtakesを修飾することで「1時間以上かかる」のは「家から会社まで行くのに」と説明しています。このように「to不定詞」を使うとより詳しく物事を説明できるようになります。「to不定詞」は動詞ではないので、主語や時制によって形が変わることはありません。toの後は必ず動詞の原形がくるので、注意してください。

to不定詞の3用法

to不定詞の3つの用法を詳しく確認しましょう。

名詞的用法
「〜こと」と訳され、動名詞と同様、主語・補語・目的語になります。
To study English is fun.（英語の勉強は楽しい）
Our goal is to provide quality service.（わが社の目標は、優れたサービスの提供です）

形容詞的用法
直前の名詞を修飾する「形容詞」の役割を果たし、「〜するための」「〜すべき」と訳せます。
I have no time to lose.（無駄にできる時間はありません）
I have a lot of homework to do.（やらなければならない宿題がたくさんあります）

副詞的用法
「〜するために」と訳します。また、感情を表す形容詞の後に置かれて、「〜して」という「感情の原因」を表す用法もあります。
I came here to see Mr. Smith.（スミスさんに会いに来ました）
I'm glad to see you.（お会いできてうれしいです）

That would really be perfect!
そうなら最高なのに！

When I first moved out on my own, I thought the perfect life would be living in the countryside and working in the city. But **to get** from my house to my office takes over an hour. I have to wake up at around 6:00, and then I need **to leave** my house by at least 7:00. **To walk** to the station, it takes about 15 minutes.

When I get on the train, it's almost impossible **to get** a seat, so it's really hard **to read** a book. I usually just use my smartphone **to read** the news or watch videos. By the time I get to the office at around 8:30, I'm already tired. Then at the end of the day, by the time I get home, I'm really tired. I only have enough energy **to take** a shower and go to bed.

I'm thinking about moving closer to my company. I have a coworker who lives only 10 minutes by bicycle from the office. It costs more **to live** in the city, but she has time after work **to play** tennis or go out with her friends. That would really be perfect!

サンドイッチ文 意味のまとまりで区切って考えよう

▶ <u>When I first moved out on my own,</u>
初めて一人暮らしを始めたとき

<u>I thought</u>
私は思いました

<u>the perfect life would be living in the countryside</u>
最高の人生とは田舎で暮らすことだと

<u>and working in the city.</u>[1]
そして都会で働くことだと

▶ But to get from my house to my office
でも自宅からオフィスへ行くのに

takes over an hour.
1時間以上かかります

▶ I have to wake up
起きなければなりません

at around 6:00,
6時くらいに

and then I need to leave my house
そして家を出なければなりません

by at least 7:00.
遅くとも7時までに

MEMO

▶ **To walk to the station,**
駅まで歩いて

it takes about 15 minutes.
約15分かかります

▶ **When I get on the train,**
電車に乗ると

it's almost impossible
ほとんど不可能です

to get a seat,
席に座ることは

so it's really hard
だからとても大変です

to read a book.
本を読むことは

▶ **I usually just use my smartphone**
たいていはスマートフォンを使います

to read the news
ニュースを読むために

or watch videos.
あるいは動画を見るために

▶ <u>**By the time I get to the office**</u>
オフィスに着くころには

at around 8:30,
8時30分頃に

I'm already tired.[*2]
すでに疲れています

▸ Then at the end of the day,
一日の終わりに

by the time I get home,
家に帰る頃には

I'm really tired.
私は疲れ切っています

▸ I only have enough energy
限られた体力しか残っていません

to take a shower and go to bed.[*3]
シャワーを浴びて、寝るだけの

▸ I'm thinking about moving
引っ越しを考えています

closer to my company.
会社にもっと近いところへ

▸ I have a coworker
私には同僚がいます

who lives only 10 minutes by bicycle from the office.
その人はオフィスから自転車で10分しかかからないところに住んでいます

▶ It costs more to live in the city,
都会に住むとより多くのお金がかかります

but she has time after work
でも彼女は終業後に時間があります

to play tennis
テニスをするための

or go out with her friends.
あるいは友達と出かけるための

▶ That would really be perfect!
それこそ最高でしょう

Keywords キーワード

move out 引っ越す	**at least** 少なくとも
perfect 完ぺきな	**impossible** 不可能な
countryside 田舎	**coworker** 同僚
take （時間が）かかる	**cost** （お金が）かかる

Points ポイント

*1（P.172）
When I first moved out on my own, I thought the perfect life would be living in the countryside and working in the city.

whenは「〜するとき」を意味する接続詞です。日本語の感覚ではthe perfect life will be …としたくなりますが、「時制の一致」のルールからwouldが使われています。

*2（P.173, 174）
By the time I get to the office at around 8:30, I'm already tired.

by the timeは「〜する頃には（すでに〜である）」というニュアンス。主節には物事が完了したことを表す内容が入ります。

*3（P.174）
I only have enough energy to take a shower and go to bed.

不定詞を使ったenough … to 〜は「〜するのに十分な……」という意味。enough energyで「十分な体力」ですが、onlyがあることで「……できるギリギリの体力」という状態です。

日本語訳 文章全体としての訳し方を確認しよう

　私は初めて一人暮らしをするときに、最高の人生とは田舎に住んで都会で働くことだと思っていました。でも、自宅からオフィスまで1時間以上かかります。6時頃に起きなければならないし、遅くとも7時までには家を出なければなりません。駅までは、歩いて15分ほどかかります。

　電車に乗ると、席に座るのはほぼ不可能なので、本がとても読みにくいです。たいていはニュースを読んだり、動画を見たりするためにスマートフォンを使っています。8時30分くらいにオフィスに着く頃には、もう疲れています。一日の終わりに、家に着く頃には、疲れ切っています。シャワーを浴びて、寝るだけの体力しか残っていません。

　私は会社のもっと近くに引っ越そうかと考えています。オフィスから自転車でたった10分のところに住んでいる同僚がいます。都会に住むにはお金がかかりますが、彼女は仕事の後テニスをしたり、友達と遊びに行く時間があります。それこそが最高です！

Unit 21

比較

比較表現には、比較級や最上級を用いた比較と、「as＋形容詞や副詞の原級＋as（同じくらい〜だ）」の3種類があります。ここでは「比較級」と「最上級」をチェックしましょう。

キーセンテンス

This was <u>cheaper than</u> all the others.
これは、ほかのすべてのものよりも安かった。

文法解説

形容詞および副詞には、もともとの形である「原級」のほか、「比較級」と「最上級」があります。比較級とは形容詞や副詞の語尾に-erをつけ「（〜よりも）もっと……」という意味にすること。ここではcheaperがそれにあたります。比較する対象は〈than＋名詞〉で表します。「最上級」は形容詞や副詞の語尾に-estをつけ「もっとも〜」と表す方法。本文中のthe newest（最新の）のように、最上級を表す形容詞の前にはtheが必要です。でも、副詞の場合theは省略されることも。

比較級・最上級のつくり方

形容詞・副詞を比較級・最上級にする際の、基本ルールを確認しましょう。

基本のパターン

比較級は語尾に-erをつけ、最上級は語尾に-estをつけます。また、bigのように「短母音+子音字」で終わる単語は子音字を重ね、「子音+y」で終わる単語はyをiに変えます。綴りの長い単語は、moreをつければ比較級、mostをつければ最上級になります。

原級(元の形)	比較級	最上級
big	bigger	biggest
easy	easier	easiest
beautiful	more beautiful	most beautiful

不規則変化

以下の不規則変化する単語はよく使うので、必ず覚えておきましょう。

原級(元の形)	比較級	最上級
good / well	better	best
bad	worse	worst
little	less	least
many / much	more	most

Nobody likes sweet things more than me
私は誰よりも甘党です

Most people like sweet things, but nobody likes sweet things **more than** me. My goal is to find and experience **the best** sweets in the world.

I sometimes get information from the Internet or from magazines, but my all-time favorite thing to do is walk around the city and look for **the newest** and **best** sweets. The other day, I was walking past **the cutest** little coffee shop, and I saw that they had a "parfait bar." That means that you can make your own parfait. I've been to other parfait bars before, but this was **cheaper than** all the others—only 500 yen!

I put on lots of ice cream, fruit and nuts, then covered it in chocolate and whipped cream. The store manager said it was **the tallest** parfait he had ever seen. He said he didn't think I could eat it all, but it was **the most** delicious thing I ever ate, and I ate it in no time. I even thought about getting another one, but instead I decided to go back again soon!

I've heard that France has **the most** wonderful sweets in the world, so that's where I want to live someday. For me, that would be heaven!

| サンドイッチ文 | 意味のまとまりで区切って考えよう

▶ **Most people like sweet things,**
多くの人が甘いもの好きです

but nobody likes sweet things
でも誰も甘党ではありません

more than me.
私以上には

▶ **My goal is to find and experience**
私の目標は見つけて、体験することです

the best sweets in the world.
世界で一番の（おいしい）スイーツを

▶ **I sometimes get information**
私はときどき情報を得ます

from the Internet
インターネットから

or from magazines,
あるいは雑誌から

but my all-time favorite thing to do
でも一番のお気に入りは

is walk around the city
街を歩き回ることです

and look for the newest and best sweets.

そして最新のおいしいスイーツを探すことです

▶ **The other day,**

ある日

I was walking

私は歩いていました

past the cutest little coffee shop,

小さくてかわいいコーヒーショップの前を

and I saw

私は目にしました

that they had a "parfait bar."

「パフェバー」があるのを

▶ **That means**

つまり

that you can make your own parfait.

自分で自分の（好きな）パフェをつくることができるということです

▶ <u>I've been to other parfait bars before</u>,[*1]

以前、ほかのパフェバーへ行ったことがあります

but this was cheaper
でもここはもっと安かったのです

than all the others
ほかのどこよりも

—only 500 yen!
たったの500円です

▶ **I put on**
私はのせました

lots of ice cream, fruit and nuts,
たくさんのアイスクリームと果物とナッツを

then covered it
そしてそれを覆いました

in chocolate and whipped cream.
チョコレートとホイップクリームで

▶ **The store manager said**
店長は言いました

it was the tallest parfait
一番背の高いパフェだと

he had ever seen.
彼が今まで見てきた中で

▶ **He said**
彼は言いました

he didn't think

思っていませんでした

I could eat it all,

私が全部食べられると

but it was the most delicious thing

でも最高においしいものでした

I ever ate,

私がこれまで食べた中で

and I ate it

私はそれを平らげました

in no time.

あっという間に

▶ I even thought about getting another one,

もうひとつ取ってこようかとも思いました

but <u>instead</u>

でもやめて

<u>I decided to go back again soon!</u>[*2]

またすぐに戻って来ようと決めました

▶ **I've heard**

私は聞いたことがあります

that France has the most wonderful sweets in the world,

フランスに最高においしいスイーツが（いろいろ）あると

so that's where I want to live someday.

だからフランスがいつか住みたい場所です

▶ <u>**For me,**</u>

私にとっては

<u>**that would be heaven!**</u>[*3]

天国のようなところでしょう

Keywords キーワード

nobody	誰も〜ない	the other day	ある日
goal	目標	walk past ...	……を歩いて通りすぎる
look for ...	……を探す	in no time	あっという間に

Points ポイント

*1（P.180）
I've been to other parfait bars before, ...
現在完了形のhave been to ...（……に行ったことがある）は「経験」を表す決まり文句です。日本語では「行った」でも、英語ではgoneは使わないので注意しましょう。

*2（P.182）
... instead I decided to go back again soon!
副詞insteadは「代わりに」「そうではなく」という意味。前文を受けてbut instead（でも、そうではなく）とあるので、「おかわりする」の反対の行動が続くと予想できます。

*3（P.183）
For me, that would be heaven!
「（もしそうなら）きっと天国だろう」という仮定の話をしているので、wouldを使った仮定法過去を使っています。

日本語訳　文章全体としての訳し方を確認しよう

　ほとんどの人は甘いものが好きですが、私より甘いものが好きな人はいないでしょう。私の夢は世界中にあるおいしいスイーツを見つけて、食べることです。
　インターネットや雑誌から情報を得ることもありますが、私が一番お気に入りの方法は街を歩いて、最新で最高のスイーツを探すことです。ある日、かわいらしいカフェの前を通ると「パフェバー」が目に飛び込んできました。そこでは自分で好きなようにパフェをつくれるのです。ほかのパフェバーには行ったことがありましたが、そこはほかの店よりもお手頃でした――たったの500円です！
　私はアイスクリームやチョコレート、ナッツをたくさん取りました。さらに、それをチョコレートとホイップクリームで覆いました。その店の店長は、今まで見てきた中で一番（背が）高いパフェだと言っていました。彼は私が全部食べられるとは思わなかったと言っていましたが、それは史上最高においしいパフェで、私はそれをあっという間に平らげたのです。もうひとつ取ってこようかとも思いましたが、それはやめてまたすぐ来ようと決めました！
　フランスには世界で一番おいしいスイーツが（いろいろ）あると聞いたので、いつかフランスに移住したいと思っています。私には、天国でしょう！

Unit 22

受け身形

〈主語＋be動詞＋過去分詞〉の形で表される「受け身形」は、「受動態」と習った方も多いかと思います。これは動作の「受け手」を主語にした文のこと。一般に「～される」と訳します。

キーセンテンス

The deal was made.
契約は結ばれました。

文法解説

キーセンテンスのThe deal was made.（契約は結ばれました）は、「誰が結んだのか」が示されていないので、仮にDaveが契約を結んだとして能動態をつくってみましょう。すると、Dave made the deal.となります。受動態で「誰が」を示す場合は〈by＋名詞〉を入れ、The deal was made by Dave.となります。このように、能動態では「誰が」が必ず必要になりますが、受動態では「誰によって」の部分は省略可能です。ただし受動態にできるのは他動詞だけなので注意して。

過去分詞
過去分詞は、多くの場合は過去形と同形ですが、不規則パターンもあります。

原形・現在形	過去形	過去分詞
listen（聞く）	listened	listened
watch（見る）	watched	watched

不規則パターン

「原形・過去形・過去分詞がすべて同じ」パターン、「原形と過去分詞が同じ」パターン、「過去形と過去分詞が同じ」パターン、「すべて形が違う」パターンがあります。

原形・現在形	過去形	過去分詞
read（読む）*	read	read
come（来る）	came	come
run（走る）	ran	run
buy（買う）	bought	bought
meet（会う）	met	met
sing（歌う）	sang	sung

＊ただし、過去形・過去分詞形の発音は [red] です。過去分詞は、Unit24の「現在完了形」でも使います。

I'm really worried
すごく気がかりです

Something really bad is going to happen. I can just feel it. Mondays are always bad, but when I woke up this morning, the weather was perfect. My husband isn't a very good cook, but today the eggs he made for me **were cooked** just how I like them.

When I got to work, my boss was in a great mood. I thought I was going to have to spend all day working on a big presentation, but one of my coworkers said, "Don't worry! It has already **been finished**!"

Then I decided to finish my weekly report for last week. It's usually due on Friday, but I was really busy last week. When I said sorry to my boss, he said, "Don't worry. It has **been sent** in already. I did it for you."

Then I went to lunch with a friend at a restaurant near my office. She told me about a company that was interested in doing business with us. After lunch, I called them and talked to the president. In a few minutes, the deal **was made**!

Everything has been going so well that now I'm sure that something bad will happen. I'm really worried.

サンドイッチ文 意味のまとまりで区切って考えよう

Disc2 トラック15

- **Something really bad is going to happen.**[*1]
  何かとても悪いことが起こります
- **I can just feel it.**
  とにかく私はそれを感じることができるのです
- **Mondays are always bad,**
  月曜日はいつもさえません

  but when I woke up this morning,
  でも今朝起きると

  the weather was perfect.
  天気は最高でした
- **My husband isn't a very good cook,**
  夫はあまり料理がうまくありません

  but today the eggs he made for me
  でも今日彼が私のためにつくった卵は

  were cooked
  料理されていました

  just how I like them.[*2]
  私のまさに好みの方法で
- **When I got to work,**
  職場に行くと

MEMO

my boss was in a great mood.
上司の機嫌がよかったのです

▶ I thought
私は思いました

I was going to have to spend all day
丸一日使わなければならないと

working on a big presentation,
大きなプレゼンの準備に

but one of my coworkers said,
でも同僚のひとりが言いました

"Don't worry!
「心配しないで

It has already been finished!"
もう終わっている」

▶ Then I decided to finish
それで私は終わらせることにしました

my weekly report for last week.
先週分の週報を

▶ It's usually due on Friday,
それは普通金曜日が締め切りです

but I was really busy last week.
でも先週はとても忙しかったのです

▶ When I said sorry to my boss,
上司にすみませんと言うと

he said,
彼は言いました

"Don't worry.
「心配しなくていい

▶ It has been sent in already.
もう提出されていると

I did it for you."
私が代わりにやっておいた」

▶ Then I went to lunch with a friend
それで私は友達と一緒に昼食を取りに行きました

at a restaurant near my office.
私の会社の近くのレストランへ

▶ She told me
彼女は私に話しました

about a company
ある会社について

that was interested in doing business with us.
私たちと仕事をすることに興味のある

▶ **After lunch,**
昼食後

I called them
私はその会社に電話をしました

and talked to the president.
そして社長と話しました

▶ <u>In a few minutes,</u>
数分後

<u>the deal was made!</u>*3
契約が結ばれました

▶ **Everything has been going so well**
すべてがとてもうまくいっています

that now I'm sure
だから確信しています

that something bad will happen.
何か悪いことが起こることを

▶ **I'm really worried.**
とても不安です

Keywords キーワード

be in a ... mood ……な気分で	due 〜の予定である
presentation プレゼン	president 社長
coworker 同僚	go well うまくいく

Points ポイント

*1 (P.187)
Something really bad is going to happen.
something ...は、後ろの形容詞がsomethingを修飾して「何か〜なこと」という意味に。逆の語順〈a＋形容詞＋something〉よりも、〈something ...〉のほうが漠然とした「何か」というニュアンスを表せます。

*2 (P.187)
... the eggs he made for me were cooked just how I like them.
先行詞the eggsの後に関係代名詞thatが省略されています。関係代名詞が目的格であるときは、thatがなくても文の構造上問題がないので、ネイティブはよく省略します。

*3 (P.190)
In a few minutes, the deal was made!
in a few minutesは「数分の中」、つまり「ほんの数分の間に」という意味です。文の内容によっては「〜（時間を表す表現）後に」と訳すこともできます。

日本語訳 文章全体としての訳し方を確認しよう

　何かすごく悪いことが起こる（気がする）。そんな気がするんです。月曜日は決まって悪いことが起きるのに、今朝起きたら、最高の天気でした。夫は料理が上手ではないのに、今日彼がつくった卵は私の好み通りの焼き加減でした。

　会社に着いたら、上司は最高にご機嫌でした。大事なプレゼンがあるので、今日は丸一日それにかかりっきりになってしまうと思っていたのに、同僚のひとりから「心配しなくていいよ！ それなら、もう済んでいるから！」と言われました。

　そこで、先週分の週報を仕上げることにしました。いつもは金曜日が締め切りなのですが、先週はすごく忙しかったのです。上司に謝ったら、彼は「心配しないで。もう出してあるから。僕がやっておいたよ」と言いました。

　そして、私はランチを食べに友達と私の会社の近所のレストランに行きました。彼女は、私の会社と取引をしたがっている会社の話をしてくれました。ランチの後、私はその会社に電話して社長と話しました。ほんの数分の間に、契約が取れてしまったのです！

　あらゆることがとてもうまくいっていて、（あまりにうまくいっているので）きっと何か悪いことが起こるに違いありません。とても心配です。

Unit 23 間接疑問文

whatやwhenから始まる疑問文が組み込まれた文のことを「間接疑問文」といいます。通常の疑問文とは異なり、主語の倒置や文末の「？」が不要なので、しっかり確認しましょう。

キーセンテンス

I didn't know what happened.
何が起こったのか私にはわかりませんでした。

文法解説

疑問詞で始まる節が、主節の動詞の目的語になっています。

キーセンテンスは疑問詞で始まる節 what happened（何が起こったのか）が、主節 I didn't know ～（私は～がわからなかった）の目的語となっている〈主語＋動詞＋目的語〉の構造の疑問文。これが間接疑問文です。間接疑問文は〈whatやwhenなどの疑問詞＋主語＋述語〉の語順になることにも注意。例えば、What is this?（これ何ですか？）という疑問文は what this is という語順になり、I don't know what this is.（これが何だか、私にはわからない）となります。

間接疑問文のつくり方

英文に「普通の疑問文」を組み込んで、間接疑問文をつくるパターンを確認しましょう。同時に文の意味も押さえて。

A	B
What does she want?（彼女は何を欲しがっていますか？）	**I don't know that.**（私にはわかりません）
A+B: I don't know what she wants.（彼女が何を欲しがっているのか、私にはわからない）	
What sport do you play?（あなたはどんなスポーツをしますか？）	**Please tell me.**（私に教えてください）
A+B: Please tell me what sport you play.（あなたがどんなスポーツをするのか、私に教えてください）	
Who needs my advice?（誰が私の助言を必要としていますか？）	**I want to know that.**（私はそれを知りたい）
A+B: I want to know who needs my advice.（誰が私の助言を必要としているのか、私は知りたい）	

I guess I'm famous
私、有名みたいです

I can't believe **what happened to me**. Before last week, nobody knew **who I was**, but now I guess I'm famous and not in a good way either. I was being interviewed by phone at home for a local TV news program about a festival that I helped plan. Even though it was live, it was 5:00 in the morning, so I didn't think anyone would see it. I was really relaxed. I sat down on the sofa with my phone in my hand, and waited for the newscaster to ask me questions from the studio.

I didn't know **what happened**, but after a few minutes, I guess I fell asleep. When I woke up, the TV show was over, and I didn't remember being interviewed. It was just really strange. And then do you know **what happened**? A few hours later, a friend called me. He said that someone had taken a video of the TV program and put it on the Internet. When the newscaster asked me a question, all you could hear was me snoring really loudly.

Well, only a few hundred people saw the show live, but now over a million people have seen it on the Internet. I don't know **when people will forget talking about this**!

サンドイッチ文 意味のまとまりで区切って考えよう

▶ **I can't believe**
私は信じません

what happened to me.
私に起こったことを

▶ **Before last week,**
先週まで

nobody knew
誰も知りませんでした

who I was,
私が誰かを

but now I guess
でも今はどうやら

I'm famous
私は有名です

and not in a good way either.
いい意味ではなく

▶ <u>I was being interviewed</u>
私はインタビューを受けました

<u>by phone</u>
電話で

<u>at home</u>
自宅で

for a local TV news program
地方局のテレビ番組から

about a festival that I helped plan.[*1]
私が企画を手伝ったお祭りについて

▶ Even though it was live,
生放送でしたが

it was 5:00 in the morning,
朝の5時でした

so I didn't think
だから思っていませんでした

anyone would see it.[*2]
誰かがそれを見ると

▶ I was really relaxed.
私はとてもリラックスしていました

▶ I sat down on the sofa
私はソファに座りました

with my phone in my hand,
手に電話機を持って

and waited for the newscaster to ask me questions
ニュースキャスターが私に質問するのを待っていました

from the studio.
スタジオから

▶ I didn't know
私はわかりませんでした

what happened,
何が起きたのか

but after a few minutes,
でも数分後

I guess
おそらく

I fell asleep.
私は眠ってしまったのです

▶ When I woke up,
目が覚めたとき

the TV show was over,
テレビ番組は終わっていました

and I didn't remember being interviewed.
それにインタビューを受けていたことを覚えていませんでした

▶ It was just really strange.
とにかくすごく不思議でした

MEMO

▶ **And then do you know**
その後はご存知でしょうか

what happened?
何が起こったのか

▶ **A few hours later,**
数時間後

a friend called me.
友達が私に電話をかけてきました

▶ **He said**
彼が言うには

that someone had taken a video
誰かが動画を手に入れて

of the TV program
そのテレビ番組の

and put it on the Internet.
インターネットにアップしたのです

▶ <u>**When the newscaster asked me a question**</u>,
ニュースキャスターが私に質問すると

<u>**all you could hear**</u>
唯一聞こえてくるのは

was me snoring really loudly.*3

私のうるさいいびきでした

▶ Well, only a few hundred people

数百人だけが

saw the show live,

あの番組を生で見ました

but now over a million people

でも今では百万人以上の人が

have seen it on the Internet.

インターネットでその動画を見ています

▶ I don't know

私はわかりません

when people will forget

いつみんなが忘れてくれるのか

talking about this!

この話題について

Keywords キーワード

either どちらかの
*Unit23では米国英語のíːðɚで発音

newscaster ニュースキャスター

studio スタジオ

fall asleep 眠る（fellは過去形）

snore いびきをかく

loudly 大声で

Points ポイント

*1（P.194, 195）
I was being interviewed by phone at home for a local TV news program about a festival that I helped plan.
過去形の受け身I was interviewedに、その時点で動作が進行していることを表す過去進行形を追加した一文。interviewedの前にbeingが必要となります。

*2（P.195）
Even though it was live, it was 5:00 in the morning, ...
even thoughは「たとえ……だとしても」という意味。even ifと混同しがちですが、even thoughが実際のことを言うのに対し、even ifは仮定の話をするときに使います。

*3（P.197, 198）
... all you could hear was me snoring really loudly.
all you could ...で「……できたすべてのこと」という意味。そのためall you could hearは「聞こえたすべてのこと」という意味に。このyouは相手を指す「あなた」ではなく、一般主語で「(一般に）人は（誰でも）」というニュアンスです。

日本語訳 文章全体としての訳し方を確認しよう

　こんなことが起きるなんて信じられません。先週まで、私は誰にも知られていない存在だったのに、どうやら今では有名人のようです、それも悪い意味で。私は企画を手伝ったあるお祭りについて、地元のニュース番組から電話取材を受けました。生放送でしたが、それは早朝5時だったので、誰も見ないだろうと思っていました。私はとてもリラックスしていました。電話を持ってソファに座り、ニュースキャスターがスタジオから私に質問するのを待ちました。

　何が起こったのかわからないのですが、数分後、私は眠ってしまったようなのです。目が覚めると、テレビ番組は終わっていて、インタビューの内容は覚えていませんでした。すごく不思議でした。それから何が起こったと思いますか？　数時間後、友達から私に電話がかかってきました。彼が言うには、誰かがそのテレビ番組の動画をインターネットにアップしたそうです。ニュースキャスターが私に質問をした後、聞こえてきたのは私のものすごく大きないびきでした。

　その番組を生で見たのは数百人だったかもしれませんが、今では100万人以上がインターネットでその動画を見ています。いつになったらみんながこの話題を忘れてくれるのでしょうか！

Unit 24 現在完了形

「現在完了」とは、現在を基準に動作の「完了・結果」「経験」「継続」を表すときに使う表現。過去の出来事の影響や結果が現在につながっているイメージがネイティブの感覚です。

キーセンテンス

She hasn't called me back.
彼女は、まだ折り返しの電話をかけてきてくれていません。

文法解説

「現在完了」は〈have（has）＋過去分詞（P.185）〉という形で表し、「過去のある時点から、現在に至るまでの時間をつながりで振り返る」イメージです。キーセンテンスのShe hasn't called me back.は、She didn't call me back.（彼女は電話を折り返さなかった）という過去形と、She doesn't call me back.（彼女は電話を折り返さない）という現在形の「時間軸の間」を埋める表現です。つまり「現在に至るまで折り返していない」という意味になります。

現在完了の用法

現在完了の具体的な用法を、たくさんのキーセンテンスに触れて覚えましょう。

継続用法「ずっと〜している」
過去に始まった動作が「今も続いている」ことを示しています。since 〜（〜以来）やfor 〜（〜の間）などとともによく使われます。
We have known each other for 20 years.（私たちは20年来の知り合いです）

経験用法「〜したことがある」
「経験したことがある」という意味を表します。回数を表す表現や、ever（今までに）、before（以前に）などの表現と一緒に用いることがよくあります。以下の文のbeenは「be動詞の過去分詞」で、have been to 〜で「〜に行ったことがある」という意味です。
Have you ever been to Hokkaido?（北海道に行ったことはありますか?）

完了用法「〜したところだ」、結果用法「〜してしまった」
「動作が完了したこと、動作の結果が現在に影響を与え続けていることを示します。
I have finished writing the report.（報告書を書き終えました）

Sally, have you forgotten about today?
サリー、今日の約束忘れたの？

Where is Sally? She was supposed to meet me here at 6:00, but I can't see her anywhere. I know she **has forgotten** appointments before. Maybe I'll give her a call. …. Oh, no. I'm getting her answering machine.

"Sally, where are you? Aren't we supposed to meet at 6:00? It's already 6:15, and I'm waiting for you. The concert starts at 6:30, and I don't want to be late. Could you call me back as soon as possible?"

What happened to her!? Now it's 6:30, and she **hasn't called** me back, so I guess I'll call her again. I know she doesn't have to work today.

"Sally, **have** you **forgotten** about today? Did something come up at work? I'm worried that something might **have happened** to you. You have the tickets, so I can't even go by myself. Call me, okay?"

Well, it's 7:30 and she **hasn't called** me back. I want to at least see the last half of the concert, so I'll call her one more time.

"Sally! Where are you? Don't you know it's Sunday! …It is Sunday, isn't it? Oh, no. It's Saturday. Okay, don't listen to all the messages I left, and I'll see you tomorrow."

サンドイッチ文 意味のまとまりで区切って考えよう

▶ **Where is Sally?**
サリーはどこ

▶ <u>She was supposed to meet me</u>
彼女は私と会う予定でした

<u>here at 6:00,</u>[*1]
6時にここで

but I can't see her
でも彼女は見当たりません

anywhere.
どこにも

▶ I know
私は知っています

she has forgotten appointments
彼女は約束を忘れたことがあります

before.
以前に

▶ Maybe I'll give her a call.
彼女に電話します

▶ .... Oh, no.
……。うそでしょう

▶ <u>I'm getting her answering machine.</u>[*2]
留守番電話につながります

MEMO

- "Sally, where are you?
  サリー、どこにいるの
- Aren't we supposed to meet
  私たちは会う予定ではなかったのでしょうか
  at 6:00?
  6時に
- It's already 6:15,
  もう6時15分です
  and I'm waiting for you.
  あなたを待っています
- The concert starts at 6:30,
  コンサートは6時30分に始まります
  and I don't want to be late.
  私は遅れたくありません
- <u>Could you call me back</u>
  折り返し電話をください
  <u>as soon as possible?</u>"[*3]
  可能な限りすぐに
- What happened to her!?
  彼女に何があったの
- Now it's 6:30,
  もう6時30分です

and she hasn't called me back,
彼女からまだ電話がありません

so I guess
こうします

I'll call her again.
もう一度電話をかけてみます

▶ I know
私は知っています

she doesn't have to work today.
今日彼女は仕事がないことを

▶ "Sally, have you forgotten
サリー忘れたの

about today?
今日のことを

▶ Did something come up
何か用事ができたのですか

at work?
仕事で

▶ I'm worried
私は心配しています

that something might have happened to you.
あなたに何かあったのではないかと

▶ You have the tickets,
あなたがチケットを持っています

so I can't even go
だから、行くことさえできません

by myself.
ひとりで

▶ Call me, okay?"
電話してね

▶ Well, it's 7:30
7時30分になりました

and she hasn't called me back.
彼女からまだ電話がありません

▶ I want to at least see
せめて見たいのです

the last half of the concert,
コンサートの最後の半分を

so I'll call her
だから彼女に電話をします

one more time.

もう一度

▶ "Sally! Where are you?

サリー、どこにいるの

▶ Don't you know

わかっていないのですか

it's Sunday!

日曜日だということを

▶ …It is Sunday,

……日曜日

isn't it?

そうですよね

▶ Oh, no.

あれ、うそ

It's Saturday.

土曜日でした

▶ Okay, don't listen

オーケー、聞かないで

to all the messages I left,

私が残したメッセージを全部

and I'll see you tomorrow."

明日会いましょう

Keywords キーワード

already すでに	**come up** 起こる、やってくる
late 遅れる	**at least** 少なくとも
call (...) back ……に電話をかけ直す	**the last half of ...** ……の後半

Points ポイント

*1（P.202）
She was supposed to meet me here at 6:00, ...

be supposed to ... で「……することになっている」「……するはずだ」という強い断定の言い回しに。「彼女はここに6時にいなければならなかった」ということがわかります。

*2（P.202）
I'm getting her answering machine.

get someone's answering machineは、電話をかけたら相手が取らず、(相手の)留守番電話機能に切り替わってしまった状況を表す、ネイティブがよく使う表現です。

*3（P.203）
Could you call me back as soon as possible?

as soon as possibleは「できるかぎり早く」「大至急」という意味でもっともよく使われる表現です。ASAPという略語もよく使われます。

日本語訳　文章全体としての訳し方を確認しよう

　サリーはどこ？　私とここで6時に会う予定になっていたのに、どこにもいない。彼女、前にも約束を忘れたことあるからな。電話をかけてみよう。……。うそ、留守番電話になっちゃった。
　「サリーどこにいるの？　6時に待ち合わせしたよね？　もう6時15分になっちゃったけど、待ってるね。コンサートは6時半に開演だから、遅れたくないの。すぐに折り返し電話をもらえる？」
　一体どうしたんだろう!?　もう6時半だし、まだ電話もないし、もう一度かけてみよう。今日彼女の仕事は休みのはずだし。
　「サリー今日の約束忘れちゃったの？　何か仕事の用事ができたの？　何かあったんじゃないかって心配しています。あなたがチケットを持っているから、私だけで行くこともできないし。電話ちょうだいね？」
　まったく、7時半なのにまだ連絡がない。せめてコンサートの後半だけでも見たいから、もう一度電話してみよう。
　「サリー！　どこにいるの？　今日が日曜日だってわかっていないの！　日曜……でしょ？　あ、うそでしょ。(今日は)土曜日か。というわけで、伝言は全部無視してね、それじゃあまた明日ね」

Unit 25 主格の関係代名詞

関係代名詞が使えるようになると、言いたいことをより詳しく話せるようになるので、英語がグンと楽しくなります。まずは2つの文をひとつにまとめる「主格の関係代名詞」を再確認。

キーセンテンス

My neighbor is a sweet old woman <u>who</u> lives alone.
私のご近所さんに、一人暮らしのかわいらしいおばあさんがいます。

文法解説

この文は、My neighbor is a sweet old woman.とShe lives alone.という文に分けることができます。a sweet old womanとsheが同一人物なので、ここを中心に1文にしています。この場合のwhoを「関係代名詞」、その直前の表現a sweet old womanを「先行詞」と呼びます。先行詞が「人」なら関係代名詞はwhoまたはthat、「もの」ならwhichまたはthatを使います。先行詞が関係代名詞の文の主語になるため、liveにも「三単現の-s」が必要な点に注意して。

主格の関係代名詞の使い分け

主格の関係代名詞を使って2つの文を合体させるパターンを、実例を見ておさらいしましょう。訳も併せて確認しましょう。

A+B	
A	**B**
Kawasaki is a big city. （川崎は大都市です）	It has a large population. （それはたくさんの人口を持ちます）
Kawasaki is a big city which has a large population. （川崎はたくさんの人口を持つ大都市です）	
I have a brother. （私には兄がいます）	He goes to college. （彼は大学に行っています）
I have a big brother who goes to college. （私には大学に行っている兄がいます）	

Something changed everything
あることがきっかけでまるっきり変わりました

I live in an apartment that has really thin walls. My neighbor is a sweet old woman **who** lives alone, so the sounds that she makes don't bother me so much. But I work for a company that's in the city, so I have to leave for work really early in the morning.

I'm not an early bird, so even when I go to bed early, it's still hard for me to wake up early and get ready for work. I bought an alarm clock **which** was really loud, but I hated the sound. When I woke up to that sound, it put me in a bad mood **that** lasted all day. Then my neighbor complained that my alarm clock was waking her up too. I asked a friend **who** also has to wake up early to call me every morning, but she sometimes forgot.

Then something happened **that** changed everything. My neighbor got a couple of pet birds from her friend. They love to sing, especially early in the morning. I'm not sure what kind of birds they are, but they're beautiful singers. Now when they wake me up early in the morning, it puts me in a great mood **that** lasts the whole day.

サンドイッチ文 意味のまとまりで区切って考えよう

▶ I live in an apartment
私はアパートに住んでいます

that has really thin walls.
そこは壁がとても薄いのです

▶ My neighbor is a sweet old woman
私の隣人はかわいらしい年配の女性です

who lives alone,
一人暮らしの

so the sounds that she makes
だから彼女の生活音は

don't bother me so much.
それほど気になりません

▶ But I work for a company
でも私は会社に勤めています

that's in the city,
会社は都心にあります

so I have to leave for work
だから仕事に出かけなければなりません

really early in the morning.
朝とても早く

MEMO

▶ I'm not an early bird,
私は朝方人間ではありません

so even when I go to bed early,
だからたとえ早く寝たとしても

<u>it's still hard for me</u>
それでも私にはつらいです

<u>to wake up early and get ready for work.</u>[*1]
早起きして仕事へ行く準備をすることは

▶ I bought an alarm clock
私は目覚まし時計を買いました

which was really loud,
それはとても大きい音でした

but I hated the sound.
でも私はその音が嫌いでした

▶ When I woke up to that sound,
その音で起きると

<u>it put me in a bad mood</u>
気分が悪くなりました

<u>that lasted all day.</u>[*2]
それは一日中続きました

▶ Then my neighbor complained
すると隣人が苦情を言いました

that my alarm clock was waking her up too.
私の目覚まし時計で彼女も起こしてしまっていると

▶ I asked a friend who also has to wake up early
私は同じように早起きしなければいけない友達に頼みました

to call me every morning,
毎朝私に電話をするように

but she sometimes forgot.
でも彼女はときどき忘れました

▶ Then something happened
そしてあることが起こりました

that changed everything.
それがすべてを変えました

▶ My neighbor got a couple of pet birds
隣人が鳥を数羽もらいました

from her friend.
友達から

▶ They love to sing,
その鳥たちはよく鳴きます

especially early in the morning.
特に朝（早く）に

▶ **I'm not sure**
私はよくわかりません

what kind of birds they are,[*3]
それがどんな種類の鳥なのかは

but they're beautiful singers.
でも素晴らしい歌い手です

▶ Now when they wake me up
今では彼らに起こされると

early in the morning,
朝早くに

it puts me in a great mood
とてもいい気分になります

that lasts the whole day.
その気分は一日中続きます

MEMO

Keywords キーワード

neighbor 近所の人

bother 〜を悩ます

an early bird 早起き

loud うるさい

complain 不平を言う

especially 特に

put ... in a great mood ……をいい気分にさせる

Points ポイント

*1（P.211）
... it's still hard for me to wake up early and get ready for work.

it's ... for XX to 〜は「XXにとって……するのは〜である」という意味。to以下が事実上の主語になっています。stillは「それでもやはり」という意味の副詞です。

*2（P.211）
... it put me in a bad mood that lasted all day.

itは前文のthat soundを指しています。put ... in a 〜 moodで「……（人）を〜な気分にさせる」なので、「嫌な気分がall day（一日中）にlast（続く／持続する）」という意味に。

*3（P.213）
I'm not sure what kind of birds they are, ...

間接疑問文の一文。疑問文What kind of birds are they?がI'm not sureに組み込まれると、what以降は平叙文の順序（主語＋動詞）に変わります。

日本語訳　文章全体としての訳し方を確認しよう

　私が住んでいるアパートの壁はとても薄いです。私の隣には、すてきな年配の女性がひとりで住んでいるので、彼女の生活音はそれほど気になりません。しかし私は都心にある会社に勤めているので、朝はとても早く家を出なければなりません。

　私は朝方人間ではないので、早く寝たとしても、朝早く起きて、仕事に行く支度をするのは大変です。とても大きな音ができる目覚まし時計を買いましたが、私はその音が大嫌いです。私はその音で起きる度に、とても気分が悪くなり、それは一日中続きます。すると、お隣さんが私の目覚まし時計が、彼女まで起こしてしまっていると苦情を言ってきました。私は同じように早く起きなければならない友達に、毎朝私にモーニングコールをするよう頼みましたが、彼女はときどき忘れてしまうのです。

　あるとき、すべてを変える出来事がありました。お隣さんが鳥を何羽か友達から譲り受けたのです。その鳥は特に早朝によく鳴きます。鳥の種類はわかりませんが、とても美しい鳴き声です。今では、鳥たちが朝早く起こしてくれるので、一日中とてもいい気分ですごせています。

Unit 26 目的格の関係代名詞

主格に続いて、目的格の関係代名詞を復習しましょう。
文章の目的語にあたる部分が関係代名詞になるので、主格の関係代名詞と違い、whoやthatが省略できることに注意して。

キーセンテンス

It's the phone that you recommended.
あなたが勧めてくれた電話機です。

文法解説

この文を2つに分けると、It's a phone.（電話機です）とYou recommended the phone.（あなたがこの電話機を勧めてくれました）。目的格の関係代名詞では2番目の文の「目的語」phoneが最初の文のphoneとくっつく「のりしろ」になります。主格の関係代名詞と同じく、表現の繰り返しを避けて1文にまとめる役割をしていますが、こちらは目的語にあたるのでwho / that / whichの省略が可能です。目的語の直後に「主語」と「述語（動詞）」があればほぼコレに間違いないでしょう。

目的格の関係代名詞の使い分け

目的格の関係代名詞を使って2つの文を合体させる例を確認しましょう。

A+B	
A	B
I met a singer. （私は歌手に会いました）	My boyfriend is crazy about the singer. （私の彼氏はその歌手が大好きです）
I met a singer (who[that]) my boyfriend is crazy about. （私は彼氏が大好きな歌手に会いました）	
Is this a sock? （これは片方の靴下ですか?）	Are you looking for this sock? （あなたはこの片方の靴下を探していますか?）
Is this a sock (which[that]) you're looking for? （これがあなたの探している片方の靴下ですか?）	

I'm trying not to get too close to my new friend!
新しい友人と親しくなりすぎないようにします！

I used to have a sandwich phone, but I finally got a smartphone. It's the phone **that** you recommended. I planned to get a simple phone, but the man at the store talked me into getting this one. I can't believe all the new things **that** it can do. All I have to do is talk to it, and it does whatever I tell it to do.

It's connected to my house, so I can use it to turn on and off all the lights in each room. On my way home from work, I can even tell it to put hot water in my bathtub. If I want to have a pizza for dinner, it will call the pizza restaurant near my house and put in an order for me.

This morning, I drove to work and took the road **that** I always take, but it was closed. But my phone told me about a new and faster way to get to the office.

My new phone also tells me about new videos and music **that** it thinks I will like. But with this, I started to feel like I might stop thinking on my own. I'm trying not to get too close to my new friend!

サンドイッチ文 意味のまとまりで区切って考えよう

▶ **I used to have**
私は昔持っていました

a sandwich phone,[*1]
ガラケーを

but I finally got
でもついに手に入れました

a smartphone.
スマートフォンを

▶ **It's the phone**
電話機です

that you recommended.
あなたが勧めてくれた

▶ **I planned to get**
私は買うつもりでした

a simple phone,
シンプルな電話機を

but the man at the store
でも店員の男性は

talked me into getting this one.
これを買うよう私をうまく説得しました

▸ **I can't believe**

私は信じられません

all the new things that it can do.

電話機ができるすべての新しいことが

▸ **All I have to do**

私がやらなくてはいけない唯一のことは

is talk to it,

電話機に向かって話すことです

and it does

電話機はやってくれます

whatever I tell it to do. [*2]

私が言うことは何でも

▸ **It's connected to my house,**

電話機は私の家につながっています

so I can use it

だから使うことができます

to turn on and off all the lights

照明をつけたり消したりするために

in each room.

各部屋で

MEMO

▶ **On my way home from work,**
職場からの帰り道に

I can even tell it
さらに、私は言うことができます

to put hot water
お湯を張るように

in my bathtub.
バスタブの中に

▶ **If I want to have a pizza**
もしピザが食べたければ

for dinner,
夕食に

it will call
電話してくれます

the pizza restaurant near my house
家の近所のピザ店に

and put in an order
そして注文します

for me.
私のために

▶ **This morning,**

今朝

I drove to work

仕事場まで運転しました

and took the road that I always take,

そしていつも通る道を使いました

but it was closed.

でも封鎖されていました

▶ **But my phone told me**

でも電話が教えてくれました

about a new and faster way

新しくて、より早くいける道について

to get to the office.

会社に行くために

▶ **My new phone also tells me**

さらに新しい電話機は私に教えてくれます

about new videos and music that it thinks I will like.

私が好きだろうと電話機が考える新しい動画や音楽を

▶ **But with this,**

でもこれを持って

I started to feel like

私は感じ始めました

I might stop thinking on my own.

自分で考えることをやめてしまうのではないかと

▶ **I'm trying not to get too close to my new friend!**[*3]

私は新しい友人とあまり親しくなりすぎないようにします

Keywords キーワード

finally ついに	**bathtub** バスタブ
recommend 勧める	**put in an order** 注文する
connect つなげる	**drive** 運転する (droveは過去形)
turn on and off （電源を）入れたり切ったりする	**on my own** 自力で

Points ポイント

*1 (P.217)
I used to have a sandwich phone, …

used to …（以前は……していた）は、過去にあった習慣的なことを説明するときに使います。be used toと似ていますが、be used toは「……に慣れている」という意味です。

*2 (P.218)
All I have to do is talk to it, and it does whatever I tell it to do.

all I have to do is … は、「……さえすればいい」というニュアンス。「やる必要のあることは……だけである（難しくない）」と強調する言い回しです。

*3 (P.221)
I'm trying not to get too close to my new friend!

「……しようとしている」はI'm trying to …ですが、その逆の「……しないようにしている」は、I'm trying not to …となります。I'm not trying to …では「……しようとしていない」という意味になるので、notの位置に注意して。

日本語訳　文章全体としての訳し方を確認しよう

　私はガラケーを使っていたんだけど、ついにスマートフォンを手に入れたんだ。あなたがお勧めしてくれた電話機だよ。もっとシンプルな電話機を買うつもりだったんだけど、店員の男性にうまく乗せられてこれを買ってしまったの。この電話機の新しい機能にびっくりしちゃった。私が声に出して言うだけで、何でもやってくれるんだもの。

　私の家に接続されているから、各部屋の照明をつけたり消したりできるし、会社から帰る途中に、お風呂にお湯を張っておくよう指示することだってできるの。夕食にピザが食べたいと思ったら、家の近くのピザ屋に電話して私のために注文してくれるしね。

　今朝、車でいつもの道を通って会社に行こうとしたんだけど、その道が通行止めだったの。でも、私の電話機がオフィスにより早く着ける新しい道を教えてくれたんだ。

　私の新しい電話機は私の好みを考慮して、新しい動画や音楽まで教えてくれるんだ。でも、これを持つようになってから、私は自分で考えられない人間になってしまうんじゃないかと感じるようになって。新しい友人とはあまり親しくなりすぎないようにしようと思います！

Unit 27

使役動詞

使役動詞 let / make / haveは、それぞれ「(人) に……させる／してもらう／することを許可する」と訳しますが、要は「人を使う」ということ。これらの使い分けを復習しましょう。

キーセンテンス

Andy <u>made</u> me walk slowly.
アンディが私をゆっくり歩かせた。

文法解説

〈make＋人＋動詞の原形〉は、「(人) に……させる」という意味で、相手の気が進まなくても、やりたくなくても「強制的に何かをさせる」ときに使われます。この文は使役動詞を使うことで「もっとゆっくり散歩しよう」とアンディが態度で示した様子を伝えています。本文中のThey let us come inside…は1人＋1匹が快く家に招き入れられた様子を表し、He had me put on…は「彼は（犬なので）当然のことのように私に服を着させてもらった」ことを表しています。

使役動詞の使い分け
使役動詞make / have / let / getの、それぞれの意味をキーセンテンスと一緒に確認しましょう。

使役動詞	意味	キーセンテンス
make	強制的に……させる	My wife makes me wash my dishes. （私の妻は私に皿洗いをさせた）
let	……することを許す （必ずしも上から目線ではなく）	My parents let me live by myself. （両親は私が一人暮らしをすることを許した）
have	自然な流れで……させる	I'll have him call back. （彼に折り返し電話させます。）
get	お願いや説得をして……させる	I got her to help me with my homework. （彼女に宿題を手伝ってもらった）

We had a perfect day
私たちの最高の一日

Today was my day off, and I wanted to sleep in, but Andy, my dog, woke me up at 7:00. After I had made breakfast for him, Andy said, "**Let's** go for a walk." He **had** me put on his jacket and lead, and then we were ready.

I wanted to hurry home to watch my favorite TV show, but Andy **made** me walk slowly. He met a new dog in the neighborhood, so he **made** me wait for him while he made a new friend. He's always a really friendly dog.

When we got to the park, Andy wanted to lie down on the grass. I laid down next to him, and we fell asleep. When we woke up, it was time for lunch. Andy took me to a dog cafe near the park. I ordered coffee, and Andy ordered some dog treats. After a couple of hours, we decided to go home. But on the way, we met Sammy, one of Andy's friends, and his owner. They **let** us come inside and we had dessert. Andy was tired, so he **made** me carry him home. So now we're both tired, but we had a perfect day.

サンドイッチ文　意味のまとまりで区切って考えよう

▶ **Today was my day off,**
今日は私の休日でした

and I wanted to sleep in,
だから遅くまで寝ていたかったのです

but Andy, my dog,
しかし、アンディという私の犬が

woke me up at 7:00. *1
7時に私を起こしました

▶ **After I had made breakfast for him,**
彼の朝ごはんをつくった後

Andy said,
アンディが言いました

"Let's go for a walk." *2
「散歩へ行こうよ」

▶ **He had me put on his jacket**
彼はジャケットを着るのを私に手伝わせました

and lead,
それから彼のリードも

and then we were ready.
そして、私たちの準備は整いました

MEMO

▶ **I wanted to hurry home,**
私は急いで家に帰りたかったのです

to watch my favorite TV show,
私の好きなテレビ番組を見るために

but Andy made me walk slowly.
しかし、アンディは私をゆっくりと歩かせました

▶ **He met a new dog**
彼は新しい犬に出会いました

in the neighborhood,
近所で

so he made me wait
だから、彼は私を待たせました

for him
彼のことを

while he made a new friend.
彼が新しい友達をつくる間

▶ **He's always a really friendly dog.**
彼は常にとてもフレンドリーな犬です

▶ **When we got to the park,**
私たちが公園へ着くと

MEMO

Andy wanted to lie down
アンディが寝そべりたがりました

on the grass.
芝の上に

▶ I laid down
私は寝そべりました

next to him,
彼の隣で

and we fell asleep.
そして、私たちは眠りました

▶ When we woke up,
私たちが目覚めると

it was time for lunch.
昼食の時間でした

▶ Andy took me to a dog cafe
アンディは私をドッグカフェへ連れて行きました

near the park.
公園の近くの

▶ I ordered coffee,
私はコーヒーを注文しました

and Andy ordered some dog treats.
アンディは、犬用のおやつを注文しました

▶ After a couple of hours,
数時間後

we decided to go home.
私たちは家へ帰ることにしました

▶ But on the way,
しかし、その途中で

we met Sammy,
私たちはサミーに出会いました

one of Andy's friends,
アンディの友達の

and his owner.
そして彼の飼い主に

▶ They let us come inside
彼らは私たちを家に招き入れてくれました

and we had dessert.
そして、デザートを食べました

▶ Andy was tired,
アンディは疲れていました

MEMO

so he made me carry him home.

だから彼は、私に彼を家まで抱っこさせました

▶ So now we're both tired,

だから、私たちは今どちらも疲れています

but <u>we had a perfect day.</u>*3

しかし、素晴らしい一日でした

Keywords キーワード

day off 休日

sleep in 寝過ごす、遅く起きる

hurry 急ぐ

neighborhood 近所

lie down 横になる

fall asleep 眠る（fellは過去形）

on the way 途中で

perfect 完ぺきな

Points ポイント

*1（P.225）
... Andy, my dog, woke me up at 7:00.

「……である～」という名詞の並列は、カンマでつなげます。2つの名詞は同格ですが、前のほうがメインで、後ろが修飾部分という関係です。

*2（P.225）
After I had made breakfast for him, Andy said, "Let's go for a walk."

Andyが散歩を催促したときには、私はすでに彼の朝ごはんをつくってあったので、時制の一致は必要ありません。過去形で表現したことより前の行為には、had made（過去完了形）を使います。

*3（P.229）
... we had a perfect day.

have a ... day で「……な1日を過ごす」という定型表現です。perfect以外にもさまざまな形容詞が使われます。

日本語訳 文章全体としての訳し方を確認しよう

　今日は仕事が休みだったので遅くまで寝ていたかったのに、私の犬アンディに7時に起こされてしまいました。彼の朝ごはんを用意すると、アンディは「散歩に行こう」と催促してきました。彼は私にジャケットとリードを着けてもらい、私たちは準備万端となりました。

　急いで家に帰ってお気に入りのテレビ番組を見たかったのですが、アンディは私をゆっくり歩かせました。近所で見知らぬ犬に出会ったので、友達になるまで私は待たなければなりませんでした。アンディはとてもフレンドリーな犬なのです。

　公園に着くと、アンディは芝生の上に寝転がりたがりました。私は彼の隣で横になると、二人で寝入ってしまいました。目覚めると、昼食の時間になっていました。アンディは私を公園近くのドッグカフェに連れて行きました。私はコーヒーを注文し、アンディは犬用のお菓子を注文しました。数時間後、私たちは家に帰ることにしました。しかしその途中で、アンディの友達のサミーとその飼い主とばったり会ったのです。彼らは私たちを家に招待してくれ、私たちはデザートをいただきました。アンディは疲れてしまい、私が彼を家まで抱っこして帰らなければなりませんでした。今、私たち二人はくたくたですが、最高の一日でした。

Unit 28

have to ... と need to ...

have to ... と need to ... の意味を知っていますか？
「どちらも同じ意味では？」と思った方、「半分正解」です。
ここでは、ネイティブならではの使い分け方をご紹介します。

キーセンテンス

I guess I have to.
やっぱり（言わなきゃ）いけないよね。

文法解説

ネイティブは何らかの理由でその言動にネガティブな気持ちを持っているときにhave to ...を使います。このhave toの後にはtell her about the partyが省略されていて、サリーに「サプライズパーティーを企画したが失敗して、彼女抜きでパーティーを楽しんだこと」を伝えることに「私」は気が引けています。このようにhave toには「私」の「嫌だけど、言わなくては」という葛藤が見え隠れしています。need to ...はそのような含みがない、ニュートラルな表現です。

need to と have to のニュアンスの違い

ネイティブがneed toとhave toを使い分ける感覚を見てみましょう。
have to ...には「気が乗らない」ニュアンスがあることを感じ取って。

「妻に誕生日プレゼントを買わないと……」

I have to buy my wife a birthday present.
＊ネイティブは「買いたくないけど」という気持ちがあなたにあると感じる可能性も！
「ケチだな」「夫婦仲が良くないの？」と誤解されるかもしれないので注意。

I need to buy my wife a birthday present.
＊単純に「買う必要がある」という意味になるので、聞き手にマイナスイメージを与えることはありません。

Do I need to tell her?

彼女に言うべきかな？

　　Sally is one of my best friends, so I decided to have a surprise birthday party for her. A long time ago, I lent her my camera, and so I called her and said, "You **need to** bring the camera to my house at 7:00 on Friday night," and she said she could do it. I knew it was going to be a lot of work, so I **had to** get busy and get everything ready.

　　First, I **needed to** invite all her friends. It took a long time to do that, but I really wanted my friend to enjoy the party with her friends. I **needed to** buy food and drinks, and then I **had to** move my furniture around so there would be enough room.

　　When Sally didn't come at 7:00, I thought something must have happened. I told everyone to wait, and then I called her. After a long time, she finally answered. I said, "You **need to** come right away." But she said, "I **have to** meet my family to celebrate my birthday."

　　Well, anyway, we had a wonderful party without Sally. But do you think I **need to** tell her about the party? I guess I **have to**.

サンドイッチ文 意味のまとまりで区切って考えよう

Disc2 トラック27

▶ Sally is one of my best friends,
サリーは私の親友です

so I decided to have a surprise birthday party
だから私はサプライズで誕生パーティーを開くことにしました

for her.
彼女のために

▶ A long time ago,
ずっと前に

I lent her my camera,
私は彼女にカメラを貸しました

and so I called her and said,
だから私は彼女に電話をして言いました

"You need to bring the camera to my house
「カメラを私の家に持ってきてほしいんです

at 7:00 on Friday night,"
金曜の夜7時に」と

and she said
すると彼女は言いました

MEMO

she could do it.

わかりましたと

▶ I knew

私はわかっていました

it was going to be a lot of work,

かなり大変な仕事になるだろうと

so I had to get busy

だから忙しく動かなければなりませんでした

and get everything ready.

すべての準備を整えられるように

▶ First, I needed to invite all her friends.

最初に彼女の友達全員を招待しなければなりませんでした

▶ It took a long time

時間がかかりました

to do that,[*1]

それには

but I really wanted my friend to enjoy the party

でも本当に彼女（私の友達）にパーティーを楽しんでほしかったのです

with her friends.*²
彼女の友達と一緒に

▶ I needed to buy food and drinks,
私は食べ物と飲み物を買う必要がありました

and then I had to move my furniture around
それから家具を移動させなければなりませんでした

so there would be enough room.
そうすれば十分なスペースができるでしょう

▶ When Sally didn't come at 7:00,
サリーが7時に来なかったとき

I thought
私は思いました

something must have happened.*³
何か問題が起こったに違いないと

▶ I told everyone to wait,
私はみんなに待つように言いました

and then I called her.
そして彼女に電話をしました

▶ After a long time,
しばらくして

she finally answered.

彼女は電話に出ました

▶ I said,

私は言いました

"You need to come right away."

「すぐに来てください」

▶ But she said,

でも彼女は言いました

"I have to meet my family

「家族に会わないといけないんです

to celebrate my birthday."

私の誕生日を祝ってもらうために」

▶ Well, anyway, we had a wonderful party

結局、楽しいパーティーになりました

without Sally.

サリー抜きで

▶ But do you think

でもどう思いますか

I need to tell her about the party?

彼女にパーティーのことを言うべきかどうか

▶ I guess I have to.

言わなければいけないでしょうね

Keywords キーワード

lend 貸す（lentは過去形）	**room** スペース
invite 招待する	**right away** すぐに
furniture 家具	**anyway** とにかく

Points ポイント

*1（P.234）
It took a long time to do that, ...
it takes timeで「時間がかかる」という意味。to不定詞の部分で、「何によって時間がかかるのか」が説明されています。

*2（P.234, 235）
... I really wanted my friend to enjoy the party with her friends.
want ... to ～は「……（人）に～してほしい」という意味。want to ...（……したい）と違い、wantが「人」を目的語に取るパターンです。

*3（P.235）
When Sally didn't come at 7:00, I thought something must have happened.
「サリーが来なかった」のと「私が考えた」のは同じタイミングなので、両方とも過去形を使います。でも「考えた内容」は「彼女が来なかった」ことより古い事柄なので、〈must have＋過去分詞〉と完了形を使って「……だったに違いない」と表現します。

日本語訳 文章全体としての訳し方を確認しよう

　サリーは私の親友のひとりなので、私は彼女のためにサプライズ誕生パーティーを開くことにしました。かなり以前に彼女にカメラを貸していたので、彼女に電話して「金曜日の夜7時に、カメラを持ってきてね」と言いました。彼女はわかったと答えました。やることが山積みなのはわかっていたので、忙しくいろいろと準備をしなければなりませんでした。

　まず、彼女の友達をみんな招待する必要がありました。かなり時間がかかりましたが、彼女には彼女の友達とともにパーティーを楽しんでほしいと、私は心から思っていたのです。食べ物と飲み物も買わなければならなかったし、十分なスペースを確保するために家具を動かす必要もありました。

　サリーが7時になっても来なかったので、何かあったに違いないと思いました。みんなには待つように告げて、私は彼女に電話してみました。ずいぶん間があってから、ようやく彼女が電話に出ました。私は「すぐに来ないとダメだよ」と言いました。しかし、彼女は「私の誕生日のお祝いをするために、家族に会わないといけないの」と言いました。

　まあ、でも、私たちはサリー抜きで素晴らしいパーティーをしました。でもパーティーのことをサリーに伝えるべきだと思う？　たぶん伝えるべきですよね。

| NOTE | 気が付いたことや特に覚えておきたいことなどを書きとめておきましょう。

英語サンドイッチメソッド
中学英語編
聞くだけ！
中学3年間の英語が
おさらいできる
CDブック

発行日　2016年8月25日　第1刷

著者	デイビッド・セイン
ナレーション	Esther Thirimu、北林きく子
デザイン	細山田光宣＋堤三四郎（細山田デザイン事務所）
イラスト	フクイヒロシ、中野きゆ美
写真	川口匠
編集協力	小林奈々子（A to Z）、泊久代
校正	中山祐子、Richard Mort
CD制作	財団法人 英語教育協議会（ELEC）
編集担当	舘瑞恵
営業担当	熊切絵理
営業	丸山敏生、増尾友裕、石井耕平、菊池えりか、伊藤玲奈、綱脇愛、櫻井恵子、吉村寿美子、田邊曜子、矢橋寛子、大村かおり、高垣真美、高垣知子、柏原由美、菊山清佳、大原桂子、矢部愛、寺内未来子
プロモーション	山田美恵、浦野稚加
編集	柿内尚文、小林英史、杉浦博道、栗田亘、澤原昇、辺土名悟、奈良岡崇子
編集総務	千田真由、髙山紗耶子、高橋美幸
メディア開発	中原昌志、池田剛
講演事業	齋藤和佳、高間裕子
マネジメント	坂下毅
発行人	高橋克佳

発行所　株式会社アスコム

〒105-0002
東京都港区愛宕1-1-11　虎ノ門八束ビル
編集部　TEL：03-5425-6627
営業部　TEL：03-5425-6626　FAX：03-5425-6770

印刷・製本　株式会社廣済堂

© A to Z Co., LTD　株式会社アスコム
Printed in Japan ISBN 978-4-7762-0921-8

本書は著作権上の保護を受けています。本書の一部あるいは全部について、株式会社アスコムから文書による許諾を得ずに、いかなる方法によっても無断で複写することは禁じられています。

落丁本、乱丁本は、お手数ですが小社営業部までお送りください。
送料小社負担によりお取り替えいたします。定価はカバーに表示しています。